新时代高校思想政治理论课教育教学研究

戴　波　曾卫兵◎主编

吴爱萍　黄小惠　初景波◎副主编

知识产权出版社
全国百佳图书出版单位
—北京—

图书在版编目（CIP）数据

新时代高校思想政治理论课教育教学研究 / 戴波，曾卫兵主编；吴爱萍，黄小惠，初景波副主编 . —北京：知识产权出版社，2023.7
ISBN 978-7-5130-8751-3

Ⅰ . ①新… Ⅱ . ①戴… ②曾… ③吴… ④黄… ⑤初… Ⅲ . ①高等学校—思想政治教育—教学研究—中国 Ⅳ . ① G641

中国国家版本馆 CIP 数据核字（2023）第 086450 号

责任编辑：王颖超　　责任校对：潘凤越
封面设计：北京麦莫瑞文化传播有限公司　　责任印制：孙婷婷

新时代高校思想政治理论课教育教学研究

戴　波　曾卫兵　主编
吴爱萍　黄小惠　初景波　副主编

出版发行：知识产权出版社有限责任公司　　网　址：http：//www.ipph.cn
社　址：北京市海淀区气象路 50 号院　　邮　编：100081
责编电话：010-82000860 转 8655　　责编邮箱：wangyingchao@cnipr.com
发行电话：010-82000860 转 8101/8102　　发行传真：010-82000893/82005070/82000270
印　刷：北京九州迅驰传媒文化有限公司　　经　销：新华书店、各大网上书店及相关专业书店
开　本：720mm × 1000mm　1/16　　印　张：12.5
版　次：2023 年 7 月第 1 版　　印　次：2023 年 7 月第 1 次印刷
字　数：186 千字　　定　价：78.00 元
ISBN 978-7-5130-8751-3

序 言

习近平总书记在党的二十大报告中明确指出：“教育是国之大计、党之大计。培养什么人、怎样培养人、为谁培养人是教育的根本问题。育人的根本在于立德。全面贯彻党的教育方针，落实立德树人根本任务，培养德智体美劳全面发展的社会主义建设者和接班人。”高等院校是为党育人、为国育才的重要承担者和责任方，立德树人是其根本任务。在实现中华民族伟大复兴的伟大征途上，青年人才是未来、是希望；而青年的成长成才，关键在于他们能够接受到怎样的教育。因此，教育强，则青年强；青年强，则国家强。

德、智、体、美、劳五育并举，德育处在首要地位。过硬的思想政治素质是青年成才的根基，这是事关打什么旗、走什么路的根本方向性问题。教育部《新时代高校思想政治理论课教学工作基本要求》(以下简称《要求》)中明确了思想政治理论课的定位：“思想政治理论课承担着对大学生进行系统的马克思主义理论教育的任务，是全面贯彻党的教育方针、落实立德树人根本任务的主干渠道和核心课程，是加强和改进高校思想政治工作、实现高等教育内涵式发展的灵魂课程。”可以说，思想政治理论课教学实效将深刻影响社会主义方向和中华民族未来，所以，办好思想政治理论课是高等院校铸魂育人工程的重中之重。

为了切实提高思想政治理论课的教学质量，《要求》指出：“要鼓励思想政治理论课教师结合教学实际、针对学生思想和认知特点，积极探索行之有效的教学方法，自觉强化党的理论创新成果的学理阐释，努力实现思想政治理论课教学‘配方’先进、‘工艺’精湛、‘包装’时尚。要加大对优秀教学方法的推广力度，注重用点上的经验带动面上的提升。课堂教学方法创新要坚持以学生为主体，以教师为主导，加强生师互动，注重调动学生积极性主动性。”

一直以来，北京石油化工学院高度重视思想政治理论课建设，成立了校党委书记领衔的思想政治理论课建设暨学生社会实践工作领导小组，定期开展思想政治理论课集体备课会、思政课教学现场办公会，坚持校级领导干部带头讲思政课、处级以上领导干部每学期听思政课、已退休思政课优秀教师督导教学质量等做法，切实抓好思想政治理论课教学质量提升工作。该校还是全国范围内较早开展“以学生为中心”的教学范式改革活动的高校之一，在长期的教学改革与实践过程中，北京石油化工学院不断深化思政课改革创新，构建了长期稳定、行之有效的思政课建设协同机制，着力打造北石化思政课“红色摇篮思政课”“红色摇篮微电影”“红色摇篮主题演讲”“帮好人万里行”四大品牌活动，建立一批思政课校外实践教学基地，深入实施具有北石化特色的思政课“学、思、研、悟、行”五步教学法，坚持不懈用习近平新时代中国特色社会主义思想铸魂育人，探索形成了“协同有机制、活动有品牌、实践有基地、育人有实效”的北石化思政课“四有”育人模式，倾心培养“思想纯良有品质、科学素养有内涵、技艺精湛有特色、攻坚进取有胆识”的时代新人。

积极开展实践教学是思政课建设的应有之义。中宣部、教育部《关于进一步加强和改进高等学校思想政治理论课的意见》中提出，高校思想政治理论课“要加强实践教学”，“通过形式多样的实践教学活动，提高学生思想政治素质和观察分析社会现象的能力，深化教育教学效果”。北京石油化工学院马克思主义学院坚持以问题为导向，大力加强实践教学项目品牌化和实践教学基地建设，持续优化校内外合作机制和课内外对接机制，在校内与校团委、学工部等部门深度开展项目合作，聘请优秀辅导员担任兼职思政课教师；在校外与“中国好人网”、中国电影博物馆、北京经济技术开发区区史馆、密云水库展示展览中心、大兴区小黑垡村、大兴留民营生态农场、学校周边社区志愿服务基地等合作，设立大学生实践活动基地并持续开展活动，改革经验获《光明日报》《北京日报》以及“学习强国”等多家权威媒体关注和报道，并多次受邀到兄弟院校交流。

为了进一步提高思想政治理论课教学的实效性，在总结思想政治理论课教师多年来开展教学改革经验的基础上，北京石油化工学院马克思主义学院编写了《新时代高校思想政治理论课教育教学研究》。本论文集所收录的文章，是马克思主义学院教师近年来在教育教学改革探索与实践方面所取得成果的集中展现。马克思主义学院教师踔厉奋发、积极探索，创新教学方法，变革课堂教学模式，转变课堂教学组织形式，不断提高教学有效性，增强教学针对性，以提升学生获得感。我相信，本论文集的出版，对进一步提高思想政治理论课的教学水平和实效性将起到积极的推动作用。思想政治理论课建设一直在路上，让我们一起努力，把思想政治理论课建设成为学生终生难忘、毕生受益的课程。

熊晓琳

2023 年 6 月 2 日

目　录

上篇　教学教法

下篇　三全育人

上篇　教学教法

高校思想政治理论课五步教学法的探索与实践

——以北京石油化工学院为例

黄小惠　曾卫兵　吴爱萍*

摘　要　高校思政课五步教学法是提高思政课教学质量和思政课教学吸引力与感染力的有效措施，包括“学、思、研、悟、行”五个相互衔接的步骤。树立“以学生为中心”的教学理念，坚持目标导向，五个教学步骤围绕知识、能力和价值三位一体的教学目标，分层递进，共同促进教学目标达成。

关键词　思想政治理论课　五步教学法

习近平总书记在学校思想政治理论课教师座谈会上强调，思想政治理论课是落实立德树人根本任务的关键课程。推动思想政治理论课改革创新，要不断增强思政课的思想性、理论性和亲和力、针对性。[1]

方法是人们认识问题、解决问题的手段和途径，教学方法的改革创新是提高思政课教学质量和思政课教学吸引力与感染力的关键。课堂教学是

* 黄小惠，女，哲学博士，北京石油化工学院马克思主义学院副教授，主要研究方向为政治哲学、思想政治教育。曾卫兵，女，法学硕士，北京石油化工学院马克思主义学院高级政工师，主要研究方向为党建与思想政治教育。吴爱萍，女，法学博士，北京石油化工学院马克思主义学院教授，主要研究方向为马克思主义中国化。

[1] 习近平主持召开学校思想政治理论课教师座谈会［EB/OL］.（2019-03-18）［2021-12-12］. http：//www.gov.cn/xinwen/2019-03/18/content_5374831.htm.

思政课教育教学的主渠道，如何促进教学目标的实现，增强课堂教学的针对性和学生的获得感仍是思政课教师教育教学的重要任务。运用教学方法的改革创新变革课堂教学模式、转变课堂教学的组织形式，以提高教学的有效性，这是当前高校教育教学改革的热点之一。北京石油化工学院的思政课教师在长期的教学实践中积极进行教学改革，开展诸如对分课堂、以学生为中心的教学范式改革、情境教学法改革、经典文献研读教学模式等多种教学改革与探索，“学、思、研、悟、行”五步教学法正是在此基础上凝练总结出来的。

一、五步教学法的基本内涵

“学、思、研、悟、行”五步教学法秉持以学生为中心的教学理念，坚持目标导向，围绕思政课教学的针对性和学生的获得感，五个教学步骤依次开展、环环相扣、层层递进，辩证统一。

1.“学”，即精讲导学，坚持教师的主导性与学生的主体性相统一

第一步“学”，即精讲导学，这是教师的教学与学生的学习辩证统一。思政课改革创新要坚持主导性和主体性相统一，思政课教学离不开教师的主导，同时要加大对学生的认知规律和接受特点的研究，发挥学生主体性作用。五步教学法的第一步“学”就是坚持教师主导的教学和以学生为主体的学习相统一，既要发挥教师的主导作用，也要发挥学生的主体作用。“学”的创新体现在实现了从以教师为主体转向以学生为主体的转变，实现了从教到学的转变，能充分调动教师和学生两大主体的积极性，共同开展思政课教学改革创新。

思政课是既包含强烈意识形态属性，又是理论性很强的课程，政治性和理论性是它的基本特征，思政课的“守正创新”是在守正基础上的创新，“守”的就是思政课的政治性与理论性。只有坚持教师的主导性与学生主体性相统一，才能充分保障思政课教学政治性和理论性的实现。因

此，在“学”的精讲导学中，思政课教师要善于从政治上看问题，始终保持政治清醒，用敏锐的政治洞察将学生的关注点作为切入点，展开精讲导学，重在对现实问题的分析，指明科学理论和方法，通过引导学生认识马克思主义理论方法的科学性和真理性，奠定马克思主义信仰“知”之所在。思政课教师要清楚意识到离开了知识传授的价值引导，就会变成空洞的说教，思政课教学遵循的是先理解后信仰，而不是先信仰后理解。教师的精讲导学要帮助学生系统掌握马克思主义理论，只有理解基础上的信仰，才是科学的信仰，没有理论上的清醒，就难有政治上的坚定。俗话说，“好的开始是成功的一半”，“学”既是五步教学法逻辑上的起点，也是后四步的教学进程能否有效推进的基础所在，当然教师的教学与学生的学习内在地贯穿于教学全过程。

2.“思”，即提问思考，坚持学生思考的内化与主动的输出相统一

第二步“思”，即提问思考，是在“学”的基础之上以问题为导向的思考内化，在此步骤凸显的是学生个体对问题的思考，教师借助信息化方式实现与学生全员互动，更好地发挥学生的主体作用，把“要我学”变成“我要学”，激发学生的内生动力。

大量研究表明，成年人的注意力持续时间约为 20 分钟，持续专注超过 20 分钟后，人的注意力就会下降。“思”的步骤，让教师的讲授和学生的思考分享二者交替进行，适当地给学生注意力转移有特定的“留白”时间，有效地保障了教学的效率，也能发挥学生的主体性，明显增强学生的课堂参与度和体悟感。

习近平总书记强调：“坚持问题导向是马克思主义的鲜明特点。问题是创新的起点，也是创新的动力源。”[1]思政课要有针对性地培养学生的问题意识，就是要“促使学生发现问题、关注问题、思考问题，并积极寻求

[1] 习近平．在哲学社会科学工作座谈会上的讲话［EB/OL］．（2016-05-18）［2021-12-12］．http://www.xinhuanet.com//politics/2016-05/18/c_1118891128_2.htm.

解决问题的对策和方法的思维方式”[1]。而思政课教学中所教导的理论与方法本身就是直指现实，是要发现解决现实问题的，因此教学中以问题驱动学生的思考与学习，特别是真实的问题能给学生提供很强的代入感和探究欲，有效促进师生互动。“思”的步骤强调以问题为导向和对学生问题意识的培养，以教师主导的“学”的输入后还应该有以学生为主体的“思”的输出。思考的输出过程，其目的就是通过主动的过程把学习到的内容加入学生的思维系统，甚至融入学生的口头表达能力、书面表达能力、逻辑思维能力、批判性思维能力当中，为学生的意识和能力培养加持增幅。

3.“研”，即共研互动，坚持教师的主导性与研讨的流程化相统一

第三步“研”，即共研互动，主要是以小组为单位进行，是学生个体思考内化之后以小组研讨为载体进行的第二次输出，这一步骤的操作促成了生生互动、师生互动，有效调动了课堂氛围。“思”与“研”紧密衔接，改变以往满堂灌的教学方式，让学生带着问题思考，在相关步骤执行中实现由被动到主动的转变，也是一个从听到、学到的输入到输出观点、意见的转换阶段。该教学步骤是对学生口头表达能力、书面表达能力、逻辑思维能力等多种能力的再次强化训练。

“研”的这一教学步骤主要是在小组研讨中展开，在教学班中以小组的形式组建紧密的学习共同体，可以更好地发挥朋辈效应。大学生朋辈群体是由年龄、兴趣、价值观、行为方式都较为相近的学生组成，朋辈群体成员关系融洽，具有凝聚性强的天然优势，大学生朋辈群体无障碍的交流可以在学习活动中对个体发挥压力与动力的双重作用，能起到较为积极的朋辈教育效应。为更好地保障小组共研互动的效果，小组研讨不能是发散性、无主题的，而应是以“学”与“思”为基础，以教师为主导的、有组织的讨论。坚持小组研讨的流程化，即小组的研讨要紧扣主题，成员共同分析问题、解答问题，每位小组成员依次发言，形成小组的共识性结论，

---

[1] 李淑文．问题意识导向下的思想政治理论课教学创新与实践［J］．学理论，2017（5）：231.

并运用移动教学平台提交小组的共同认知与全班同学分享。

教师在组织小组研讨中有针对性地加强对各小组的引导，并尽可能地在小组共研过程中解决一些同学提出的有关知识性的低阶问题，一些关于价值引导性、政治性和理论性较强的高阶问题将进一步通过“悟”的教学步骤来解答。

4.“悟”，即引导悟化，坚持追求目标的高阶性与成果达成相统一

第四步“悟”，即引导悟化，该阶段的教学将思政课教学的价值性引导作为直接目标，以此为导向，因此主要由教师把控方向，在“思”与“研”的基础上教师总结、引导、提升，坚持教师在思政课教学中的主导性，通过导向性的阐释进行再次输入。价值引领本身就是高阶性目标，价值引领成功与否关系到思政课教学的成败。

从“学”“思”“研”到“悟”，就是一个逐渐深化的教学过程，通过提出、分析、推导和破解问题，再到政治认同、价值升华，不断增强思政课教学的现实针对性和思想深刻性。该教学步骤中，以“研”为基础的小组研讨已有基本结论，教师根据课堂教学时间、主题的复杂程度可以抽查三到五组的总结性观点。教师反馈、总结，回答共性问题，进行价值引导。个性问题选择性回答，特别有思想偏差的问题或是观点、典型性强的问题要在“悟”这个阶段直接正面回应，确实发挥教师在教学上的导向性，及时纠偏，有些个性化的问题可以在课后以师生面对面或是移动平台交流互动。无论是共性问题还是个性问题，教师要在“悟”这个阶段进行整合与选择，该阶段的目标是要解决高阶问题，通过教师的导向性输入，实现价值引领，再通过与下一个教学步骤“行”的充分结合，促进思想的升华。

5.“行”，即践行展示，坚持方向的统一性与形式的多样性相统一

第五步“行”，即践行展示，是在以教师引导为基础的“悟”内化之后的多样化践行，要求学生再次输出，进一步强化思维和能力的培养，深化价值引导。该步骤实现了教学由抽象到具体、由静态到动态的转变。

北京石油化工学院全力建设高水平应用型大学，学校始终秉承“崇尚实践、知行并重”的理念，在思政课的教学中有意识地发挥学生乐于实践的学习特点，既充分结合不同课程的特点，又发挥校内外不同部门的协同联动，以多样的实践形式践行在“悟”的教学阶段所奠定的思政价值导向。如思想道德与法治课程与大一新生引航工程相结合，重点开展志愿服务的实践活动；中国近代史纲要课程注重发挥北京红色资源丰富的优势，到北京市爱国主义教育基地参观实践、观看红色电影等，多样化的课程学习成果展示，密切了理论与实践的联系，提高了学生运用理论分析问题、解决问题的能力，增强了学生在行动层面的获得感，深化了思想认识。

“学、思、研、悟、行”五步教学法要在“学”上精心设计，在“思”上下足功夫，在“研”上加强指导，在“悟”上做好阐释，在“行”上协同联动，逐层递进，促进学生在知识、能力和价值感等素养的全面进步。五个教学步骤依次开展、环环相扣，实现从教师主体到学生主体的转变、从以教师的教为中心到以学生的学为中心的转变，体现出依次递进的教学关系，体现从感性上升到理性的认知规律，体现从理论到实践的转化。

二、五步教学法的教学设计

荷兰的国际知名教学设计研究专家迪克斯特拉教授认为：“教学是推动学习的一种有意识的活动，而学习是对知识、技能和态度的获得。当一个人想接受教学或是当组织描述和认可的教育目标需要教学时，就必须对教学进行设计。”❶

教学设计就是根据目标对教学中的各种活动设计出最优方法，使学生的知识、能力和情感态度等发生预期的变化而展开的设计。教学设计具有多方面的功能，如有助于教师明确教学目标，目标的指向性为教师提供教学活动实施的心理框架；引导教师依据目标、学习对象特点、学习内容性

❶ 田慧生，李如密．教学论［M］．石家庄：河北教育出版社，1996：287–288.

质等选配有效的教学方法；有助于教师选取合适的学习资料以满足教学活动需要；引导教师合理分配教学时间，提高教学效率；合理的教学评价有助于衡量教学效果，并为持续改进教学提供参考依据。

2018 年 11 月，时任教育部高等教育司司长吴岩在第十一届中国大学教学论坛上提出“金课”应该具备高阶性、创新性和挑战度三个标准。[1]具体到思政课的“金课”建设而言，必然要把实现高阶性的教学目标作为追求，思政课的高阶性应该是学生通过思政课教学产生切实的获得感，实现知识、能力和价值感等素养的全面进步。高校思政课要着重培养学生在教学中的价值获得感，通过对主动关注现实意识的培养，增强对国家、民族、社会和个体所处时代的关怀，为踏入社会投身中国特色社会主义伟大实践提供坚实的思想、能力和价值基础。五步教学法通过科学合理的教学设计，逐层递进，达成“获得感”指向下的知识、能力和价值三位一体的教学目标体系，“学”与“思”达成知识目标，奠定“信”的基础，“研”与“悟”促成能力目标和价值目标，“行”则是价值内化后再次外行的表现，进一步深化价值目标。

1.“学”的教学设计

“课堂讲授能够在最短的时间内，为最多的人提供完整的知识体系。”[2]较大规模的教学班采用传统的讲授法在短时间内依然是一个行之有效的教法方法，也是思政课教学必不可少的基础教学环节，确保了坚持以教师为主导下思政课的原则性和方向性。“学”之精讲导学的教学方式设计中，课上时间可以安排 15—20 分钟，课前给学生推送相关教学资料，将一些容易理解的内容放到课前，学生通过自学掌握，培养学生学习的自主性，教师可以通过课前、课中或是课后的小测验，检查学生的掌握情况，并根据测验情况给学生查缺补漏。学生课前的自学可以为第一步的精讲导学提供有效的知识性支持或是掌握感性认知材料，为课上的深入学习奠定基础。

---

[1] 教育部高教司司长吴岩深入阐述中国金课建设要求：倾力打造五大“金课”[EB/OL].（2019-01-09）[2022-04-03]. https://xcb.sjzc.edu.cn/15845.html.

[2] 郑金洲. 教学方法应用指导［M］. 上海：华东师范大学出版社，2006：33.

精讲导学的关键是“精”，“精”体现在教师对教学内容的精挑细选、精心设计上。结合不同思政课特点的差异性，教学内容的设计既注重与学生的兴趣点有机结合，包含诸如网络热点、歌曲、时事热点等，又将相关内容以理论精讲、问题分析或是价值引导等不同类型进行“专题化”展示。因此，思政课教师在教学内容的设计上肯定不能面面俱到，要精简，突出教学内容的针对性，以讲通讲透为主。精讲导学的另一个关键是“导”，“导”是体现在教师于课程理论性和政治性上对学生的引导，讲授部分就要凸显课程内容的深刻性、时代性和新颖性，并注重跟实际的结合，给学生尽可能创设出理论的现实语境。教师通过对现实问题的铺陈与辨析，为学生把握正确的实践方向提供导引。

2.“思”的教学设计

相较于其他课程，思政课的开放性与时代性特征尤为明显，在世情国情深刻变化的当下，世界范围的思想文化交流频繁、斗争复杂深刻，人们思想的多元性显著增强，主流意识形态教育受到各种错误思潮和观点的影响，面临巨大的挑战。以问题驱动思维，学生思考内化，并在比较中确立真理，这是被大量教学实践证明行之有效的方式，因此第二步“思”教学设计的关键就是要提出恰切的问题。该步骤的课堂时间可以安排3—5分钟，在教师主讲之后，给予学生一定的思考时间，并通过移动教学平台以关键词、两三句话等简洁的方式快速提交个人对相关问题的简要理解。

关于问题的设计，要坚持“真”与“时”。一是所提的问题应该是能与学生的生活学习发生密切联系、代入感强的“真问题”，学生能容易地找到问题的现实语境，便于代入。二是所提的问题应该是能彰显思政课时代性的问题，能与社会现实联系起来，将思政课的理论要点与社会的实际情况结合起来，展现思政理论的时效性与分析解决问题的实效性，思政课教师要有针对性地关注热点问题、重点问题和疑点问题，这三类问题特点不同，结合课程特点在教学设计中有所侧重地选用与解答。

有关“提问”的教学设计我们主张两种方式相结合，一是教师提问，促使学生思考；二是学生发现问题，学会提问。教师在发挥思政课的导向性中要有针对性地提问题，更要鼓励学生提问，可以通过在课程考核设置相应的奖励环节，激励学生主动提问，及时通过信息化的方式发现共性问题与个性问题。共性问题将由“研”和“悟”分别递进解决。个性问题教师可以通过面谈、聊天工具、移动教学平台等多种方式给予学生解答。

其实，发现问题、提出问题和解决问题可以贯穿于课前、课中与课后全过程，教师在教学设计中可以根据课程的不同内容与特点，在不同的环节中创设问题情境，如课前就相关内容有针对性地提供案例，让学生在思考有关问题时能有语境和抓手。课前、课后也可以发动学习小组组长进行问题的收集与整理，在移动教学平台公布问题，鼓励同学互相解答问题，同时给提出好问题与较好解答问题的同学相应的加分鼓励，激励学生发挥主体性与积极探究的精神。

3.“研”的教学设计

班杜拉的社会学习理论认为，人类不仅有参与性学习，还有替代性学习，即经过观察别人而进行的学习。因此，他人和榜样的作用很重要，在教学设计和实践过程中，对小组学习活动进行合理设计、科学管理，将能在学习过程中发挥好同辈群体的学习效应，以进一步增强思政课教学的实效性和学生的获得感。教学设计中有针对性地发挥朋辈效应，组建学习小组，在“研”“行”中可以以小组为单位进行研讨以及学习活动与学习成果展示。其实，“研”的教学设计是要为学生“创设一种智力探究的愉悦环境，让学生体验到理智活动的乐趣”[1]，促进学生愿意思考、热爱思考、享受思考。

关于学习小组的组建，学期初就安排学生组队，建议4—6名学生为一个小组，小组人数过多或过少，都不利于共研互动的开展。在组队过程中，教师要给予充分的指导，根据所带教学班、专业的不同特点，从组队原则、组内分工到组长选拔都尽可能给予详尽的指导。组队后队员最关心的是分工，最讨厌的是有同学“搭便车”，在教学设计中可以给学生提供

---

[1] 王能东．高校思想政治理论课教学论［M］．北京：人民日报出版社，2017：134.

一个组队和小组活动的指导说明，便于学生进行小组活动时有参考依据。组内分工明晰，也能比较好地减少“搭便车”现象。关于小组分工，教师根据不同的小组活动需要，可以给小组分工提供诸如引导者、记录者、协调者、观点提供者、信息收集者、技术支持者等不同分工建议。

一种小组共研的教学设计，是在课上安排10分钟左右，在“思”的基础上，学生对问题已经形成了基本的理解与认识，共研阶段就是让学生在组内分享和共同研讨问题，形成一个组内共识。在共研阶段，要求每个成员都要进行观点的输出，并就他人的观点进行评析，小组共识形成后于移动教学平台提交。同伴教学法让我们知道“教”就是最好的“学”，在“研”的教学设计中还要让学生就一些基础的问题相互解答，共研互动是在“思”之后又一次深化了学生对相关内容的学习。另一种小组共研的教学设计，可以把课前、课中和课后环节串联起来，在某一教学内容的学习结束后，要求课后每个学生至少写下一个跟所学内容相关的问题，分组提交，课前小组组长收集，课中随机让不同的小组互换解答，并于课中或是下次课的课前将各自的答案、观点、评论等提交到移动教学平台，全班共享。

4.“悟”的教学设计

鉴于课堂时间的限制，“悟”的课堂时间建议安排10—15分钟，教师先抽查3—5组的小组共研情况，小组分享共识，教师在这个环节中针对学生的分享，进行讲评、分析、阐释，引导学生加深对价值共识的领悟，特别是在“思”“研”过程中，如有价值上的认知偏差，教师要及时纠偏。相较于“学”中精讲的“灌输式”价值引领，“悟”就是在“思”与“研”的基础上，即学生完成了对问题的思考、理解、分析等一系列的思维过程，侧重于在更深的思维层面进行“引导式”价值引领，因而更有说服力和感染力，增强了思政课教学的针对性。此外，相较于“思”与“研”的“放”，教师可以在“悟”的阶段对教学上的重难点分析阐释，课堂教学活动向教学的核心内容再次回归，是一个“收”的过程。

“悟”的教学设计突出的是在师生的互动过程中，深化价值引领的导向性，通过教师进一步的引导，形成共同的政治认同与价值认知。在抽查不同小组过程中，教师可以要求小组组长每次安排不同的成员发言，在课程学习过程做到代表小组发言能全员覆盖。在教学设计中也可以设计发言情况统计表，以“可视化”的方式让学生看到自己的发言情况，量化的方式也便于一个学习周期结束后学生可以观测自己在语言表达和思维能力上是否进步。教师可以将发言要求设计为课程考核的一部分，这也能在一定程度上促进学生主动发言。

5.“行”的教学设计

学生普遍希望自己与团队努力完成的学习成果能得到教师客观公正的评价和同学们的认可，在“行”的教学步骤中设计践行展示的教学环节，给学生创设一个践行所学理论，又展示所学所思的平台。

教师在开展“行”的教学设计时要注意，实践教学的具体形式一定要体现不同课程的特征，也尽可能地把学生的专业特点融合进去，避免单一的形式在不同课程中重复使用，才能充分发挥思政课程体系在立德树人上的协同效应。实践形式的多样性也有助于发挥学生的主体性，学生可以在思政课程群中不同的实践形式里发挥所长。实践环节中特别是采用微电影、微视频、专题汇报等实践形式，教师应给学生提供具有实操性的指导说明、设计相关的评价量表，便于学生得知优秀的标准，更好地开展相关实践活动。

学习成果的展示可以采用分散与集中、线上与线下、课上与课下并行，达到传播学生优秀学习成果和学生获得成就感“双赢”的效果。教师根据课程特点与教学进程选择不同的展现形式，并将其作为课程考核的重要环节之一，提高学生参与的主动性。可以在学院网站或是微信公众号推送学生的优秀学习成果，通过网络平台的影响力进一步提高学生的获得感。

总之，“学、思、研、悟、行”五步教学法优化了课堂教学结构，遵循学生主体的注意力规律，将传统的以学生听为主的静态、单一的课堂变成师生交互、生生交互的动态、立体的课堂，而且五步教学法也不是仅停留于课堂，而是依据教学目标的达成将课前、课中和课后三个环节有机衔接，根据不同环节的特点和教学需要安排教学内容、细化教学任务。五步教学法促成了北京石油化工学院思政课教学的改革创新，实现了从以教师为主体转向以学生为主体，实现了从以教为中心到以学为中心的转变，实现了学生由被动到主动的转变，从侧重教师的输入到着重学生的输出，实现了教学由抽象到具体、由静态到动态的转变，在多样的转变中更好地发挥了学生的主体作用，激发内生动力。持续深化以五步教学法为代表的思政课教学改革，将为北京石油化工学院落实立德树人根本任务，坚持不懈用习近平新时代中国特色社会主义思想铸魂育人，倾心培育“思想纯良有品质、科学素养有内涵、技艺精湛有特色、攻坚进取有胆识”的时代新人提供根本保障。

增强大学生思政课获得感的思考

——基于对分课堂教学模式的视角*

吴爱萍**

摘　要　增强大学生思政课获得感，是提升高校思政课教育教学质量的必然要求。大学生思政课获得感的现实困境，从根本上表现为作为供给方的教师和作为需求方的学生之间难以同频共振。在思政课教学中开展对分课堂的实践，通过强化学生的自主学习与内化吸收，可以促使学生主动参与探究性学习，达成对知识的进一步深化理解和拓展，从而提升思政课教学实效，增强大学生思政课获得感。

关键词　思想政治理论课　获得感　对分课堂模式

一、缘起：问题的提出

获得感，是评价思想政治理论课（以下简称"思政课"）教学效果的重要指标。"作为一种主观感受，获得感来源于主体自身的获得及获得的

---

*　本文曾发表于《黑龙江教育学院学报》2019 年第 6 期，收入本书时略有修改。

**　吴爱萍，女，法学博士，北京石油化工学院马克思主义学院教授，主要研究方向为马克思主义中国化。

过程，是客观获得与主观感受的内在统一。”❶大学生思政课获得感的提出，是提升高校思政课教育教学质量的必然要求，也是高校“以学生为中心”教学理念的具体体现。提升高校思政课教育教学质量，必须从增强大学生思政课获得感着手。

2016年12月7日，习近平总书记在全国高校思想政治工作会议上发表重要讲话指出，教师做的是传播知识、传播思想、传播真理的工作，是塑造灵魂、塑造生命、塑造人的工作。❷作为立德树人的课程，高校思政课有其特定的教学目标，旨在培养中国特色社会主义事业合格建设者和接班人。它不仅要向大学生传授马克思主义理论知识，更重要的是要提高大学生的思想政治素质和进行价值观教育，重在理想信念教育和价值观养成教育，从而为学生成才成长奠定科学的思想基础。

增强大学生思政课获得感，就是要“促进思想政治理论课教学有虚有实、有棱有角、有情有义、有滋有味”❸，就是要满足大学生成长发展的需求。具言之，它涵盖“知”“情”“意”“行”等维度，既包括学生对马克思主义基本理论知识层面的获得，也包括学生运用所学理论和方法分析问题和解决问题能力的习得，还包括学生对思政课的情感认同即思想道德素质的提升和理想信念的坚定，以及随之而来的行为上的积极变化。

党的十八大以来，以习近平同志为核心的党中央高度重视思想政治理论课建设，作出了一系列重大决策部署，从2016年底全国高校思想政治工作会议的召开，到2017年“高校思想政治理论课教学质量年”活动的开展，再到2018年《全面深化新时代教师队伍建设改革的意见》和《新时代高校思想政治理论课教学工作基本要求》的出台，都对新时代高校思政课提出了新要求。经过多年的改革，思政课建设在改进中不断加强，思

❶ 朱国明．论大学生对思想政治课的获得感及其实现途径［J］．学理论，2018（1）：230.

❷ 关于教育，这是习近平的最新思考［EB/OL］．（2017-01-03）［2018-05-26］．https://news.gmw.cn/2017-01/03/content_23389739.htm.

❸ 教育部关于印发《新时代高校思想政治理论课教学工作基本要求》的通知［EB/OL］．（2018-04-13）［2018-05-26］．http://www.moe.gov.cn/srcsite/A13/moe_772/201804/t20180424_334099.html.

政课教学在教学内容的优化、教学方式的改革和教学效果的改善等方面取得了一些成绩，在增强学生获得感方面也初见成效，但当下的思政课教学依然面临许多挑战，仍然存在一些问题亟待我们去思考、探索和破解。

二、困境：影响思政课获得感的主要因素

教育部在《2017年高校思想政治理论课教学质量年专项工作总体方案》中指出，打一场提高思政课质量和水平的攻坚战，用好课堂教学这个主渠道。增强大学生思政课获得感，必须用好课堂教学这个主渠道。因为课堂是教学活动的主要场所，课堂质量是教学质量高低的一个决定性因素。如何增强大学生思政课获得感，提升其学习积极性，是当前高校思政课教学的核心问题。

高校思政课学生获得感不强，原因是多方面的，涉及教师、学生和教学模式等诸多因素。从供给层面看，供给困境主要表现为教学理念的滞后、教学内容与现实社会生活结合不够、话语体系与学生的“脱节”、信息化教学手段不能及时融入课堂教学等，导致思政课教学脱离大学生成长发展的需求，也就难以内化于心和外化为行。学生的获得感与教师教学模式的使用、教学内容的优化、课程的设计和教学方法的使用有密切关系。因为教师是教学内容的直接供应者，也是教学内容能否满足学生成长发展需求的关键所在。从需求层面看，获得感困境主要表现为学生对思政课缺乏正确认知，加上先修课程相关知识储备的缺乏，导致学生学习动力不足，学习兴趣不高。作为大学教育的重要组成部分，思政课具有不可或缺的作用，但受实用主义社会思潮和社会环境等综合因素的影响，部分学生认为思政课不是专业课程，对自身发展用处不大，因此对思政课不重视，这必然会影响学生学习的积极性、主动性和获得感。

总体而言，现阶段思政课学生的到课率在逐步提高，但课堂抬头率和参与度依然不高，学生听课注意力不集中，教师布置的作业不能认真完成等现象依然存在。这种状况必然会影响思政课的教学效果，这就需要思政

课教师加强对学生的启迪引导，帮助学生客观地看待思政课的功能，明确思政课的教学目标，改变学生对思政课的态度，形成对思政课的正确认知。只有这样，才能使学生真正认识到思政课的意义和价值所在，才会主动学习相关理论知识和认真思考社会现实问题，才会发现思政课的魅力并内化为自身的情感认同和价值认知。

三、破题：基于知识内化和能力培养的对分课堂模式设计

伴随着时代变迁和社会形态的深刻变化，高校思政课教学面临许多新挑战。探索和创新思政课教学模式，提升课堂教学质量是提高思政课教学实效性的重要途径之一。课堂教学模式的改革，要考虑技术进步以及学生、教师和社会环境等诸多因素。作为当前两大主流教学模式，讲授法和讨论法各有利弊，讲授法注重学科体系的结构和完整性，在基础知识和能力的培养方面简明、高效，但学生基本是被动参与，不利于培养学生的高阶思维能力；与讲授法相比，讨论法能够调动学生学习的主动性，讨论中的思维碰撞能有效促进和提升思维能力，但知识学习的系统性和效率不够；近年来比较流行的“翻转课堂”重构了课堂教学流程，将课下观看视频与课上讨论与指导相结合，但其最大障碍是学生课下能否观看完涵盖所有教学内容的视频，否则，在课堂上的互动和交流就会流于形式，这些也在一定程度上限制了翻转课堂模式的实践和发展。无论是讲授法还是讨论法，在任何一种教学模式中，如果作为供给方的教师和作为需求方的学生之间难以达成同频共振，必然会影响思政课教学目标的达成度，这也是当前影响大学生思政课获得感的现实困境。

作为一种新型教学模式，对分课堂模式整合了传统讲授式与研讨式教学的优势，旨在通过元素创新和结构创新提升学生学习积极性，促进学生的个性化学习和全面发展。在思政课中开展对分课堂的实践，可以给每个学生充分展示和锻炼的空间，促使学生主动参与探究性学习，从而提升思政课教学实效。对分课堂模式通过强化学生的自主学习与个性化内

化吸收，既发挥教师引导、启发、监控教学过程的主导作用，保证学生对课堂理论知识的系统掌握，又充分体现学生作为学习过程主体的主动性和积极性，培养学生分析问题、解决问题的能力，使课堂教学更为高效，从而更好地满足以质量提升为核心的高校思政课内涵式发展要求。对分课堂的关键创新点在于把讲授和讨论错开，学生有一定的时间自主安排学习，进行个性化的内化和吸收。对分课堂把教学刻画为时间上清晰分离的三个过程，分别为讲授（Presentation）、内化吸收（Assimilation）与讨论（Discussion），也可简称为PAD课堂（PAD Class）。[1]

在对分课堂模式中，学生通过教师讲授对章节内容形成基本框架，掌握重点、难点，为课后的内化吸收奠定基础；在内化吸收环节，学生可以根据个人特点自主安排学习，达到对学习内容的基本理解；最后再在小组讨论和班级分享的过程中达到对知识的进一步深化理解和拓展。

1. 课前准备环节

课前准备环节要做好学情分析，在此环节要启迪、引导和帮助学生形成对思政课程的正确认知，这是增强大学生思政课获得感的前提条件。同时，还要备好教学内容，不仅要确定每一次课的教学活动需完成哪些内容，以合理控制学生的学习任务，更要收集、归纳和整理学生关注的热点问题，了解学生的所思、所想和所感。只有这样，才能有的放矢地进行教学设计和实现课堂教学社会热点问题的面对面。只有这样，才能让学生在思政课学习中感受到时代发展的脉搏，自觉把政治理论和社会现实结合起来。只有这样，思政课教学才能契合学生的成长需要和发展需求。

2. 课堂讲授环节

从对分课堂整个教学流程来看，该模式中的第一次课均为教师讲授。课堂讲授环节采取精讲留白法，教师做引导性的、框架式的讲授，讲解学习目标、章节内容的逻辑结构等。除第一周外，每周课堂的前一半时间均用于讨论上一周课堂上教师讲授的内容。除最后一周外，每周课堂的后一

[1] 张学新．对分课堂：中国教育的新智慧［M］．北京：科学出版社，2016：4.

半时间都用于讲授新内容。这样，除第一周和最后一周外，其余每周的课堂都是先讨论后讲授，先温故后知新。此环节中教师的引导性和框架式讲授至关重要。

一方面，教师要针对学生获得感困境不断进行教学内容和教学体系的改革，促进知识传授与价值观教育的融合。在遵循统编教材基本精神的基础上，做好从教材逻辑向教学逻辑的转化。同时，在教学中要结合当前经济社会发展中的社会热点问题以及网络媒体和影视剧中的相关问题，坚持马克思主义理论的科学指导，强化对马克思主义中国化最新理论成果的学理阐释，对学生思想上的困惑予以及时回应。在做好理论阐释的同时，将教学内容融入学生的思想认知当中，满足学生在理论方面的渴求和期盼，增强学生的政治认同感。同时，在教学中还要注重与学生的情感交流，激发学生情感上的强烈共鸣，真正让思政课入脑入心。当学生在不同需求方面都有所收获时，自然就会对思政课产生强烈的获得感。

另一方面，教师要结合学生认知特点与时俱进地改进教学理念和教学方法，促进理论阐释与形象化教学的结合。

首先，要确立以学生为中心的教学理念。根据教育学的基本理论，教学方法应以教学对象为转移，即以学定教。思政课要真正发挥育人功能，必须尊重学生的发展特点和成长规律，确保学生主体地位，给予学生更多的自主学习空间。这就需要根据教学内容巧妙设置问题情境，搭建师生互动的平台，同时要结合学生认知特点和学习兴趣创新教学模式，根据“学情”灵活选用多样化的教学方法。坚持问题导向，将理论阐释与形象化教学相结合，满足学生的精神需求与成长期待，切实提高大学生的思政课获得感。

其次，要积极推动信息化技术和思政课教育教学的深度融合。教学方法和手段的改革是增强大学生思政课获得感的重要途径。由于计算机网络技术和多媒体技术的发展，导致有的教师对教学情境变化的估计不足，未能作出及时有效应对。“互联网 +”时代，在校大学生具有网络化学习、形象化认知、碎片化浏览等特点，因此要充分运用学生喜闻乐见的教学手段和教学语言来提升学生的思政课获得感。在课堂教学中必须加大蓝墨云班课、雨课堂等新媒体技术的应用，开展“线上＋线下”相结合的混合式教学改革。充分调动学生参与教学的积极性，引导学生思考问题，这样既能避免思政课教师的“自嗨”，又能通过学生积极主动的参与提升获得感。

再次，要合理适当转换话语体系，避免教学语言与学生“脱节”。思政课教材内容的政策性、理论性比较强，在课堂教学中，不仅要做好从教材体系向教学体系的转换，还要注意教学语言的表达和话语体系的转换。针对思政课内容政策性、理论性较强的特点，采用大学生更易于接受的表达方式和话语体系进行课堂教学，将相对抽象的理论知识以相对感性的表达方式进行处理，同时还可以恰当使用能够反映社会现状和社会情绪的网络用语。只有解决好思政课堂话语的切入问题，才能引发学生的课堂呼应和积极参与，使师生在情感上形成沟通和相融。

最后，要知行并重，积极开展实践教学活动。思政课实践教学作为课堂理论教学的延伸拓展，在提高思政课质量水平、增强大学生思政课获得感方面发挥着越来越重要的作用。通过不断创新高校思政课实践育人方法和多样化的实践教学活动，既可以深化学生对国情、社会现实、国际形势的正确认识，明确时代责任和历史使命，又能夯实学生对课堂理论知识的认识和理解，训练学生运用所学理论和方法分析问题和解决问题的能力，在理论与实践的结合中感悟马克思主义中国化最新理论成果的理论魅力，提升思政课吸引力和感染力，实现从理性认同到情感认同的转变，真正做到内化于心和外化于行。

在对分课堂模式的讲授环节，如何做好精讲与留白的分配，分割教师在课堂上教的内容和学生在课外学的内容，并通过严谨的教学设计环节使学生在把握课程基本知识框架和重点、难点的基础上进行有效的课堂讨论和互动交流，是需要探索和研究的重点内容。

3. 课后作业环节

作业是联结讲授与讨论的核心环节，是对分教学成功的关键，也是初期实施对分教学最重要的抓手。通过课堂讲授环节，学生在理解重点、难点的基础上形成了章节内容的基本框架，课后学生需要阅读课本未讲内容，查找相关资料，整合课堂讲授内容，并记录难点、疑点和问题，为下节课的讨论做准备。每个学生需要带着课下学习的成果，即读书笔记来参加随后一周的课堂讨论，朋辈压力会提升学生课后学习的动力。每次课后作业计入平时成绩，优秀的作业会在全班展示，这都会促使学生更主动地把自己的学习成果外化为高质量的作业。读书笔记强调体现学生个人特色，学生完成读书笔记的过程中，既有对书本内容的整理、归纳和总结，也可以有深入的思考和思维的发散，有助于培养学生的学习技能。

4. 课堂讨论环节

讨论分四个环节：小组讨论、教师抽查、自由提问、教师总结。小组讨论通常 4—6 人一组，要求学生围绕作业，针对各自的收获、困惑、疑难切磋交流，共同解决问题。随后教师随机抽点 3—4 个小组，让学生面对全班，表达小组的观点或提出问题。然后，全班自由发言，最后教师做总结。

课堂讨论的模式（每组 5—6 人）也会同时降低课堂上学生睡觉、做专业课作业等与课堂无关活动的可能性。同时，由于学生自身知识的差异，学习态度和努力的差异都会体现在课堂互动环节中，通过把交流质量外化在人际互动中，反过来影响学生未来的学习，促进学生的成长和发展，具有一定的实践意义。此外，在成绩考核方面，对分课堂模式相对弱化终结性考试，强化过程性学习考核，重视平时成绩，并将其比例提高到 50%—60%。

四、结语

切实增强大学生对思政课的获得感，实现国家的人才培养目标、思政课教学目标与学生获得感的统一，始终是高校思政课教师需要努力探讨和着力改进的一项重要工作。

一方面，增强思政课获得感，关键在于提高思政课质量和水平，必须在思政课的教学模式上下功夫，提升思政课的教学实效性，打造思想性、启发性和趣味性兼具的思政“金课”，这样的思政课课堂才会给学生耳目一新的感觉，使学生有真正的获得感。

另一方面，增强大学生思政课获得感，还必须发挥思政课程的引领作用，需要加强思政课教育教学的统筹管理，多措并举、同向同行，大力开展课程思政。只有构建起从思政课程到课程思政的全课程育人格局，使各类课程与思政课同向同行，形成协同效应，才能整体提升高校思政课教学的实效性，增强师生的获得感。

原理课教学设计探析

——基于“以学生为中心”教学范式*

黄小惠**

摘　要　“以学生为中心”教育理念的倡行，必将转变传统“以教师为中心”的教学范式。“马克思主义基本原理概论”课程的教学目标、教学内容、教学方法、考核方法和评价量表等教学设计也应遵循“以学生为中心”教学范式的学生学习、学习效果和学生发展的三大原则，真正实现由“教”到“学”的转换，以有效促进课程教学目标的实现，增强学生在思政课教学中的获得感。

关键词　教学设计　“以学生为中心”　获得感

习近平总书记在全国高校思想政治工作会议上强调，要用好课堂教学这个主渠道，思想政治理论课要坚持在改进中加强，提升思想政治教育亲

*　本文系“北京高校思想政治理论课青年教师‘扬帆资助计划’教学科研专项资助课题”（项目编号：JGWXJCYF201635）的阶段性成果；“北京高校中国特色社会主义理论研究协同创新中心（北京工业大学）”项目阶段性成果；北京石油化工学院教育改革与研究校级重点项目“提高理想信念教育实效性课程设计探析——以原理课为例”（项目编号：17032082005/010）的最终成果。本文曾发表于《思想政治教育研究》2018年第4期，收入本书时略有修改。

**　黄小惠，女，哲学博士，北京石油化工学院马克思主义学院副教授，主要研究方向为政治哲学、思想政治教育。

和力和针对性，满足学生成长发展需求和期待。[1]我们必须要持续改进思政课教学，不断增强学生的获得感，发挥好高校思想政治教育主渠道的作用。

马克思主义基本原理概论（以下简称“原理课”）是高校思政课的主干课程，通过课程讲授使学生能从整体上把握马克思主义的基本原理，培养学生运用马克思主义的基本观点分析判断现实问题的基本能力，树立正确的世界观、人生观、价值观，确立马克思主义信仰。原理课教学目标的实现，将为其他思政课和相关课程的学习奠定坚实基础。然而，传统的原理课教学延续的是“以教师为中心”的基本理念，教学围绕“教师—教材—教室”，其实质就是以教师和书本的知识传递为中心。这容易导致在教学中采取较为单一的教学形式，过分注重观点介绍，方法阐释较弱，忽视学生的接受程度，学生个体需求和差异得不到照顾，学生也往往置于被动接受的位置，这种教学方式容易让学生对思政课产生疏离感，也使原理课的教学实效性大打折扣，教学目标就无法全面实现。

荷兰的国际知名教学设计研究专家迪克斯特拉教授认为：“教学是推动学习的一种有意识的活动，而学习是对知识、技能和态度的获得。当一个人想接受教学或是当组织描述和认可的教育目标需要教学时，就必须对教学进行设计。”[2]教学设计就是根据目标对教学中的各种活动设计出最优方法，是为使学生的知识、能力和情感态度等发生预期的变化，即为学生的“学”而展开的设计。

原理课的教学设计和教学实践只有以学生为中心，坚持贴近实际、贴近生活、贴近学生的原则，尤其贴近学生的学习、生活、思想实际，才能通达学生的头脑，才可能由知识体系内化为信仰体系，真正实现思政课的理想信念教育目标。因此，原理课的教学设计关键是要抓住学生这个中心，将“以教师为中心”转变为“以学生为中心”，这是实现教学目标，真正满足学生学习需要和促进学生发展的必然趋势。

---

[1] 习近平谈全国高校思想政治工作要点［EB/OL］.（2016-12-09）［2017-05-05］. http://news.cctv.com/2016/12/09/ARTIpLqQSZCLXX17PuXFYw3J161209.shtml.

[2] 田慧生，李如密. 教学论［M］. 石家庄：河北教育出版社，1996：287-288.

一、“以学生为中心”教学范式

“以学生为中心”的教育理念其实自古就有，只不过在近代教育中由于各种原因逐渐偏离。得益于心理学、哲学、教育学等学科的发展，“以学生为中心”的教育理念开始复归，1952年，美国著名的心理学家卡尔·罗杰斯（Carl Ragers）首先提出“以学生为中心”的观点。20世纪中期美国学者提出了“以学生为中心”的本科教育理念，并以20世纪80年代形成大规模研究，90年代在大学大力推进“以学生为中心”的改革，引发了本科教育基本观念、教学方法和教学管理的系列变革，给美国的高等教育带来巨大的发展和影响。1998年联合国教科文组织在世界首届高等教育大会宣言中提出，高等教育需要转向“以学生为中心”的新视角和新模式，并预言“以学生为中心”的教育理念必将对21世纪世界的高等教育产生深远影响。❶

“以学生为中心”理念也冲击和影响着我国的高等教育，近年来，“以学生为中心”的教育也成为我国教育界讨论的热点，各方呼吁“教育应该真正以学生为中心”。特别是信息技术的迅猛发展，让教育者意识到“从以教师为中心的知识灌输型教学模式向以培养和提高学生自主学习、团队学习、创造性学习能力为中心的个性化教学、导学模式的转变，是高等教育从工业时代走向信息时代必须完成的历史性变革”。❷“以学生为中心”的教育理念必然要求教师在教学上要转变原有的“以教师为中心”的范式，实现教学范式的真正变革。教学的目的、任务不在“教”，而在“学”。“以学生为中心”，最根本的是要实现从以“教”为中心向以“学”为中心转变，即从“教师将知识传授给学生”向“让学生自已去发现和创

---

❶ 刘献君.论“以学生为中心”[J].高等教育研究，2012（8）：1-6.

❷ 桑新民，谢阳斌.在学习的变革中提高大学教学质量和办学水平：高等教育信息化的攻坚战[J].高等教育研究，2012（5）：64-69.

造知识”转变，从“传授模式”向“学习模式”转变。[1]

“以学生为中心”的教学范式强调在教学中要围绕“学生学习、学习效果和学生发展”这三个“新中心”。[2]“新三中心”的提出意味着对“教师、教材和教室”传统的“老三中心”的根本扭转。原理课的教学设计也要围绕“以学生为中心”教学范式中的三大中心原则展开。

第一，学生学习的原则。学习才是教育的中心，而非教，要培养学生主动学习和自主学习的能力，培养终身学习的能力，学生是学习的主体，教师则是学习活动的设计者、学习环境的营造者、学习过程的辅导者。因此，原理课的教学设计中要凸显“重点是学生在学习，而非让学生按照你的方式在学习”，我们在原理课的教学中要把学的主动权交给学生，因为需要掌握相关知识和能力，获取价值、态度的对象是学生，而非教师。

第二，学习效果的原则。要关注学习效果，它包括直接效果和间接效果、短期效果和长期效果，把学习效果作为判断教学的基本依据，重视测量与反馈在学习中的作用。在原理课的教学设计中就要围绕是否能实现教学目标以达到学习效果作为衡量是否采取某种教学设计、教学方法和学习方法的标准。

第三，学生发展的原则。以学生的当前状态为基础，以促进发展为目的，挖掘学生潜力，促进其全面发展。原理课教学设计中一定要高度关注学生的具体特点，即青春期的生理与心理特点，教学活动的设计要紧紧围绕他们的价值观念、行为方式、对生活的体验和感受等方面，“要研究学生的需要，要在教学过程中关注学生的需要，要在教学过程中满足、引导学生的需要”，[3]使课程的设计能从现实出发，真正做到理论联系实际，入情入理地解决学生关心和困惑的问题，发展他们运用马克思主义基本原理

---

[1] ROBERT B，JOHN T. From Teaching to Learning：A New Paradigm for Undergraduate Education [J]. Change，1995，27（6）：13-15.

[2] 赵炬明. 论新三中心：概念与历史：美国 SC 本科教学改革研究之一 [J]. 高等工程教育研究，2016（3）：35.

[3] 上官苗苗，王立仁. 学生需要在思想政治理论课教学中的意义 [J]. 思想政治教育研究，2016（6）：59.

理解问题、解决问题的能力。

二、原理课教学设计探析

遵循“以学生为中心”教学范式的“学生学习、学习效果和学生发展”的原则展开我们的原理课教学设计，可以针对原理课的教学目标、教学内容、教学方法、考核方法和评价量表等进行如下设计思考。

1. 教学目标设计

教学目标设计遵循的是“学生发展”这个中心原则，主要是促进学生潜力的开发和能力的发展。根据布卢姆的教学目标分类，其分为记忆—理解—应用—分析—评价—创造。[1]针对以往马克思主义基本原理的内容都是以记忆和理解为主，原理课教学目标的设计应转变为运用原理去分析问题、解决问题，对社会事实、现象进行评价，培养批判思维、理论联系实际的能力，增强对现实的观照和学生的获得感。我们应该在教学目标的设计时调整，实现从低阶目标到高阶目标的转变。

教学目标设计是教学设计中非常关键的一步，将为后面相关教学环节的设计奠定基础，这种教学设计思路体现一种逆向思维，即在教学设计中首先确定教学最终要实现的目标/效果，其他教学活动的设计与展开都是围绕实现目标来进行。原理课教学目标设计往高阶的转变，转到以能力培养和态度培育上来，是为了更好地通过“学”的过程促进学生能力的发展。

2. 教学内容设计

教学内容设计遵循的是“学习效果”这个中心原则。原理课的教学内容围绕专题进行设计，具体、及时地依据学生的认知水平和学科知识基础，灵活剪裁课程内容，积极调动学生，使其充分参与课程教授中。教学

---

[1] 洛林·W. 安德森，等. 布卢姆教育目标分类学：分类学视野下的学与教及其测评［M］. 蒋小平，等译. 北京：外语教学与研究出版社，2009：22.

设计的内容以现实问题为焦点，打破现有教学内容的顺序，进行专题化教学，以学生的关切和关注为出发点，展开课程教学，重在对现实问题的分析，指明科学理论和方法，通过引导学生认识马克思主义理论方法的科学性和真理性，奠定马克思主义信仰“知”之所在。通过在专题讨论中对现实问题的辩证分析来激发学生的理想信念，把握正确的实践方向。

3. 教学方法设计

教学方法设计遵循的是“学生学习”这个中心原则。教学方法内在地包含着为实现教学目标而设计的教法与学法。

将学习的主权交还给学生，培养自主学习和主动学习。在现代信息技术吹响的强力号角下，各类新式教学手段，如慕课、翻转课堂等也走进思政课堂，新媒体环境确实冲击了思政课的教学。“混合式教学因顺应时代潮流和学生学习心理需求，获得大学生较普遍的认同。”[1] 进行混合式教学，以线上线下相结合的学习方式，将学生可以通过自学掌握的知识内容放在线上，由学生自主完成，及时完成线上知识内容的考核。混合式教学让课堂学习与在线学习并存，线上资源与线下资源整合，为学生的自主学习打开了宽阔的视野。学生通过自学能掌握的，就不在课堂上讲，要将课堂面授的宝贵时间主要用于专题化教学和专题讨论，在讨论中有效引导学生关注重要原理，并以原理为基础对现实问题进行分析，确实增强学生的分析能力、批判思维能力、理论联系实际能力。在具体教学实施过程中，有针对性地结合讲授法、探究法、案例法等教法，也可以在课堂专题讨论中采用“思考、配对、分享”式教学方法，以提高讨论的效率。

学习方法设计遵循的是“学生发展”的中心原则，注重学生潜力、能力的开发和发展。教学设计中有关学习方法和学生学习活动的设计将以小组学习为主，设计小组学习的学习活动，开展有关小组学习的组织和管理等。班杜拉的社会学习理论认为，人类不仅有参与性学习，还有替代性学

---

[1] 吴争春．基于 SPOC 的高校思想政治理论课混合式教学模式改革探究［J］．思想政治教育研究，2017（5）：56.

习，即经过观察别人而进行的学习。因此，他人和榜样的作用很重要，在教学设计和实践过程中对小组学习活动进行合理设计、科学管理，将能在学习过程中发挥好同辈群体的学习效应，以进一步增强原理课教学的实效性和学生的获得感。

4. 考核方法设计

考核方法设计遵循的是“学习效果”这个中心原则，该原则强调重视测量与反馈在学习中的作用，考核方法设计主要是用于评估学习效果和反馈。有关基本知识的考核仍须占据一定比重，这部分的考核由线上完成，实现全批全改，学生可以及时得到反馈。小组学习也纳入考核，学生对马克思主义基本原理的掌握和运用则是考核变化所关注的新焦点，这方面的考核主要体现学生对社会现象的认识程度、对价值树立的自我理解和对社会热点新闻的观点表达等。考核方式不再是以往的期末考试，转变为过程考核，考核形式有书面作业、口头报告、小组专题汇报、期末考核等。考核方式发生变化后，随之就要改变评价方式，在考核过程中培养学生科学、合理、公平地评价他人，以训练和强化学生的批判性思维，这也是课程教学的重要目标之一。因此，评价量表就成为教学设计中的另一项重要内容。

5. 评价量表设计

针对考核内容的变化，做相关评价量表的设计，如书面作业评价量表、口头报告评价量表、小组活动评价量表、课程期末考核评价量表等。评价量表是“一种评分工具，描述对某项任务的具体期望。评价量表将任务分成多个组成部分，并对每个部分合格或不合格的表现进行详细描述”[1]。这是一种“标准化”的评价方式，并且在评价量表的设计中可以是教师和学生共同制定，让学生在一定程度上分享教师的权利，更能提高学生的参与性和学习的主动性。评价量表可以包括教师对学生的评价、学生

---

[1] 丹奈尔 · D. 斯蒂文斯 . 评价量表：快捷有效的教学评价工具［M］. 陈定刚，译 . 广州：华南理工大学出版社，2014：3.

对教师的教学评价，也包括学生间互评等。

通过“标准化”的评价量表的设计和使用，一是让学生清楚准确地知道教师的评价标准，获得详细的反馈，明白自己努力的方向或是需要改进的地方；二是培养学生如何较为合理地评价他人，能培养批判思维的形成，促进学生与他人的沟通；三是学生能够从与教师共同创建评价量表的过程中，更加主动地参与自己的课程学习规划，赋予学生对学习一定的控制权；四是帮助教师确立快速有效的评价，把握学生的学习进度和遇到的困难，量表也是一种反馈，帮助教师提升教学水平；五是作为学生共同认可的评价方式，有助于营造公平的竞争环境。

三、原理课教学设计的具体化与效果检验

为了将原理课的教学目标、教学内容、教学方法、考核方式与评价量表等教学设计具体化，并在原理课教学过程中实践“以学生为中心”的原则，可以设计并使用课程学习手册。课程学习手册包含课程说明、课时分配与课程任务、参考资料、课程活动评价量表、教学相长卡、小组活动的组织与管理等内容。

课程学习手册化，可以达成三个目的：一是让学生的课程学习有据可循，学生可以在课时分配与课程任务中找到每次课程教学和小组学习的活动要求，可以积极主动地开展学习，而不是每次都被动等待教师的安排；二是学生的小组学习可以得到规范和指导，如何组织小组活动、如何管理小组等手册上均有详细指导，评价量表帮助学生明确优秀的目标要求、问题反馈渠道等都设计在手册中；三是学生有关课堂教学的反馈可以通过教学相长卡得到教师的直接回应，这是对个性化学习需求的有效满足。

为比较原理课所采用的“以学生为中心”的教学设计与传统教学之间的学习效果达成的差异，针对实施情况采集相关数据进行分析，我们做了一个初步效果检验尝试，进行了课前课后测。此检测无关课程具体知识，不是对学生知识能力的测试，主要是围绕课程教学目标的达成情况，课前

课后的调查内容完全相同，以便在教学结束后检测学生的学习效果。问卷如下：

问题	非常不同意	不同意	同意	比较同意	非常同意
1. 我能接受新的、不同的观点、想法					
2. 我能用口语清楚明确表达想法					
3. 我能用文字清晰明确表达想法					
4. 我能以批判的眼光分析与评价不同观点					
5. 我能自如阅读并理解马克思主义经典原著					
6. 我了解马克思主义发展的历程					
7. 我了解马克思主义唯物辩证法					
8. 我了解马克思主义的一些基本原理、观点和方法					
9. 我了解中国共产党的指导思想包括哪些					
10. 我了解什么是马克思主义中国化					
11. 我能理解并表达出什么是共产主义					
12. 我能理性分析并合理评价社会热点事件					
13. 我乐于与不同见解的人讨论社会、人生和价值观的问题					

注：请根据你自己的实际情况进行选择。

我们抽取了采取教改所在班级的 60 名学生参加课前课后测试，使用了 t- 检验成对二样本分析方法。

H_0：$\mu d = 0$（认为 $\mu x = \mu y$，教改前后观测数据平均值无显著差异，新教学设计没有显著作用）

H_0：$\mu d \neq 0$（认为 $\mu x \neq \mu y$，教改前后观测数据平均值有显著差异，新教学设计有显著作用）

其中：μx 为教改前观测样本 x 的均值，μy 为采用新教学设计后观测

样本 y 的均值，μd 为成对观测样本 d 的均值。

课前课后测试调查结束后利用 Excel 提供的（t- 检验：平均值的成对二样本分析）工具，得到检验结果，表 1 为样本采集前 10 名学生的数据，表 2 为均值分析情况。

表 1　前后测分值情况（前 10 名学生）

序号	后测平均分	前测平均分	平均分差值
1	6.31	5.23	1.08
2	8.92	6.31	2.62
3	7.08	5.85	1.23
4	7.85	5.69	2.15
5	6.92	4.92	2.00
6	6.77	4.15	2.62
7	6.46	4.00	2.46
8	6.77	5.08	1.69
9	6.92	5.54	1.38
10	8.00	4.77	3.23

表 2　t- 检验：成对双样本均值分析

项目	后测平均分	前测平均分
平均	6.858974359	5.292307692
方差	0.859525959	0.602707853
观测值	60	60
泊松相关系数	0.499397497	—
假设平均差	0	—
df	59	—
t Stat	14.07524083	—
$P(T \leqslant t)$单尾	8.12192E-21	—
t 单尾临界	1.671093032	—

续表

项目	后测平均分	前测平均分
$P(T \leqslant t)$双尾	1.62438E-20	—
t双尾临界	2.000995378	—

分析检验结果可以看出，样本 t 统计量等于 14.075，大于 t 的双边临界值 2.001，所以可以得出结论，这种新的教学设计对于 95% 置信水平上具有显著作用。可见，根据初步的检测，在教改班上原理课所采用新的教学设计对于大部分学生在教学目标的达成上有较为明显的促进作用，有效地增强了以原理课为代表的思政课课程学习的获得感。

原理课开展基于“以学生为中心”教学范式的教学设计尝试，是试图实现从“教”到“学”的转变，围绕学生学习、学习效果和学生发展，提高课程参与程度，改变现有教学方式让学生获得感不强的局面，提高思政课教学实效性。以原理课为代表的思政课在教学改革上“永远在路上”，没有终点，坚持持续在改进中加强，努力增强思政课教学的亲和力、针对性，增强学生的获得感，为发挥好思政课作为高校思政教育主渠道的作用作出应有的贡献。

经典文献研读融入“马克思主义基本原理”课程教学体系的思考 *

李淑敏 **

摘　要　基于“以学生为中心”的教学理念，经典文献研读融入“马克思主义基本原理”课程教学体系必要且重要。应选取难度适宜，与教材契合度高的经典文献资源；采用导入式、溯源式、拓展式、释疑式等融入方式；采取必读与选读相结合、课堂内外相结合、纸质与电子媒介相结合的研读形式；将研读成果纳入成绩考核体系形成闭环管理。需要指出的是，对经典文献研读的重视并不意味着弱化了马克思主义基本原理的实践性，经典文献研读应注重分层分类教学，可将经典文献研读作为抓手探索专题化教学模式，进一步提升“马克思主义基本原理”课程教学的学理性与实效性。

关键词　经典文献　马克思主义基本原理　教学体系

在“马克思主义基本原理”课程的教学中，学术界对于是否要融入经典文献研读一直存在争议。争议的焦点为：一是教材的科学性、权威性已

---

*　本文系北京石油化工学院教育教学改革和研究重点项目“‘马克思主义基本原理’经典文献研读教学模式的探索与实践”（项目编号：ZDFSGG202106001）的研究成果，曾发表于《北京教育（高教）》2022 年第 8 期，收入本书时略有修改。

**　李淑敏，女，哲学博士，北京石油化工学院马克思主义学院副教授，主要研究方向为马克思主义基本原理。

经很高，再融入经典文献究竟有无必要；二是学生对课程学习存在前置判断，学习兴趣不高，如再融入理论性较强甚至晦涩难懂的经典文献，是否会增加课程学习难度，降低学生学习兴趣；三是48个授课学时相对于教学内容而言已经较为紧张，如果再融入经典文献研读，是否会增加师生负担。[1]本文将结合这些争议性问题，阐明经典文献为何以及如何融入课程教学体系，并就经典文献研读中须注意的问题提出相关建议。

一、经典文献研读为何要融入“马克思主义基本原理”课程教学体系

对于当前存在的“马克思主义基本原理”课程教学中是否需要融入经典文献研读的争议，笔者认为，应该站在更为全面客观的角度来分析融入的必要性。

第一，关于教材的科学性、权威性很高，融入经典文献有无必要这一争议，须先厘清经典文献和《马克思主义基本原理》教材之间的内在关系。习近平总书记曾指出，马克思主义经典著作蕴含和集中体现着马克思主义基本原理，是马克思主义理论的本源和基础。[2]马克思主义基本原理植根于马克思主义不同发展时期的经典文献，是经典文献逻辑化、体系化的结果。经典文献与教材之间是“源”与“流”的关系。

同时，教材并未涵盖马克思主义经典文献的全部内容。除了教材中涉及的哲学、政治经济学、科学社会主义这三个主要组成部分，经典文献还包括历史学、法学、政治学、文化学、新闻学、军事学等内容。就字数篇幅而言，我国出版的第一版《马克思恩格斯全集》收录的内容字数就有3200万字，全部马克思主义理论的经典文献远远超过该字数，而2021年版教材的字数为28万字。基于此，在“马克思主义基本原理”课程教学

---

[1] 元晋秋.“原理”课教学过程中引入经典著作探究［J］.高教论坛，2016（1）：67.

[2] 习近平.认真学习马克思主义经典作家著作　不断推进中国特色社会主义事业［N］.人民日报，2011-05-14.

体系中适当融入经典文献研读，可在很大程度上提升学生对马克思主义理论的全面了解，拓展其学习的广度与深度。

第二，关于融入经典文献研读是否会增加课程学习难度，降低学生的学习兴趣这一争议，须从教材体系向教学体系的转化予以分析。大学生对于思政课等公共课的学习兴趣低于专业课是一个客观事实，这与大中小学思政课缺乏有效衔接有一定关系。“现行的马克思主义原理课程教材内容与高中的政治课内容有重叠，出现了与中学重复教育的问题”[1]，学生容易形成前置判断，影响学习的积极性和主动性。因此，在教学中实现教材体系向教学体系的转化尤为重要。在转化中融入经典文献研读，引导学生与经典作家进行超越时空的对话，了解这些经典作家在面对和解决时代问题中的所惑、所思、所答，在基本原理的学习中引导学生做到“溯其源，循其流”，不失为提升学生学习兴趣的一种有效方式。

第三，关于融入经典文献是否会使学时更为紧张，增加师生负担这一争议，可从教学内容的专题化重构方面予以分析。在教材体系向教学体系的转化中，必须对教学内容进行重新的整合与适当取舍。在此过程中，可将经典文献研读作为抓手，探索专题化教学模式。在专题化教学中，可将经典文献、马克思主义发展史、基本原理进行有机统一。这样不仅可以保证教学时间的充裕，还可以增加教学设计的创新度，增强教学的学理性，夯实学生的理论基础。

第四，教学实践中相关问题的解决也需要经典文献研读的融入。笔者曾就学生对经典文献的了解程度进行调研。调研结果显示，超过60%的学生对于经典文献及其核心内容缺乏基本了解。在期末考试中，学生失分较多的是材料分析题，特别是包含经典文献的材料分析题。学生答题主要存在以下问题：对经典文献的材料不知所云，答非所问；不能很好指出材料中蕴含的基本原理；在问题分析中，原理和材料的结合不够紧密。这些都体现出学生对基本原理的学习缺乏理论深度。对于经典文献研读的缺失

[1] 尹娜．回归经典著作 提升原理教学［J］．绥化学院学报，2011（6）：179.

导致学生的理论学习浮于表面，一旦缺失深厚的理论根基，辩证思维的培养，以及科学的世界观、人生观、价值观就无法真正入脑入心。

综上所述，在“马克思主义基本原理”课程教学中，从学生学习、学生发展、学习效果来看，融入经典文献研读不仅必要，而且重要。经典文献研读的融入，可以增强学生的获得感，提升教学的学理性和实效性。

二、经典文献研读如何融入“马克思主义基本原理”课程教学体系

经典文献研读融入“马克思主义基本原理”课程教学体系，包括经典文献的选取、融入方式、研读组织形式、研读效果的检验与考核等方面。

第一，经典文献资源的选取。一是要遵循大学生的认知特点，难度要适宜；二是要选取与教材契合度较高的经典文献，实现经典文献与教材基本原理的有机融合。如在导论中可研读恩格斯的《在马克思墓前的讲话》、列宁的《马克思主义的三个来源和三个组成部分》；在第二章中可研读马克思的《关于费尔巴哈的提纲》、恩格斯的《路德维希·费尔巴哈和德国古典哲学的终结》(节选)、毛泽东的《实践论》等。

第二，经典文献融入教学体系的方式。一是导入式融入，将经典文献作为基本原理的导入内容。如关于对立统一规律，学生在中学已学习该内容，可以指导学生课前研读毛泽东的《矛盾论》，并思考相关问题；在课堂讲授中则以分析、解决相关问题为主。这样，通过经典文献研读导入，可以提升学生学习的兴趣，同时实现经典文献与基本原理的有机融合，提升学生的辩证思维能力。二是溯源式融入，通过经典文献研读引导学生“明其源，知其流”。比如，在讲马克思主义科学实践观的确立时，可先精读《关于费尔巴哈的提纲》，完成对科学实践观的溯源，之后讲马克思主义经典作家对实践观的继承与发展，最后再学习教材中的基本原理。这样，对于马克思主义实践观这一内容，就实现了从经典文献到基本原理的学理性梳理。三是拓展式融入，通过经典文献研读帮助学生在更高

层面上理解、掌握马克思主义基本原理。比如，在讲到“社会形态更替的统一性和多样性”时，可以指导学生研读马克思于1881年给查苏利奇的复信中提到的关于“俄国可以不通过资本主义制度的卡夫丁峡谷”的相关论述。四是释疑式融入。在基本原理的教学中，教师应注重培养学生的问题意识，拓展理论学习的深度和广度。比如，对于现实生活中多次被提及的“存在的就是合理的”这一观点，如何从哲学层面进行分析？这个说法究竟是不是科学的？可结合恩格斯对于黑格尔《法哲学原理》序言中相关理论的发展，区分“现存与现实”，得出一切事物都处在不断发生、灭亡和无止境地由低级到高级的发展过程中，其根源在于事物本身的必然性。这样，学生能够对该观点予以科学辨析，而且能理解“源”与“流”的关系，对于马克思主义“现实”这一概念有更为深刻的认识。需要指出的是，以上形式并非单一使用，可以多种形式进行有机组合。

第三，关于研读组织形式。研读形式可以多样化：一是必读与选读相结合，必读篇目一般由教师指定，选读篇目学生可以在建议篇目中自主选择；二是课堂内与课堂外相结合，课堂内的经典文献研读主要以必读文献精读为主，课堂外的经典文献研读主要以学生选读文献为主；三是纸质文本与电子媒介相结合等。

第四，关于研读效果的检验与考核。一是制定研读手册。教师制定研读手册发给学生。研读手册内容包括：必读和选读的经典文献原文与导读，后附制式表格用于学生撰写心得体会；完成一次主题为“研读一部经典，精讲一个原理”的课堂展示，研读手册中要包含课程展示的讲义或者课件。二是成果展示。除通过研读手册中讲课的形式，还可以通过演讲、辩论、撰写研读报告、微电影制作、情景剧、手抄报等形式展现学生研读成果，提高学生研读经典文献的主动性与积极性。三是检验与考核。将经典文献研读环节纳入平时考核成绩体系，形成闭环管理。

三、经典文献研读融入“马克思主义基本原理”课程教学体系中需要注意的问题

经典文献研读需要学生静下心来与马克思主义经典作家进行一场超越时空的对话，领悟经典作家在分析、解决时代问题时的立场、观点、方法。经典文献研读融入“马克思主义基本原理”课程教学体系需要注意以下问题。

第一，研读经典文献并不意味着弱化马克思主义基本原理的实践性。经典文献研读并不意味着要“寻章摘句老雕虫”，而是引导学生通过经典文献研读掌握分析当代问题的理论武器，推动当代实践的发展。比如，2008 年世界金融危机以来资本主义国家社会中出现的“占领华尔街”、难民问题等都可以通过《资本论》《德意志意识形态》《共产党宣言》这些著作中的相关理论进行解释和分析，提高学生理论与实践相结合的能力。

第二，经典文献研读的教学设计应注重分层分类教学。不同学科、不同专业的学生知识背景不同，因此经典文献研读的理论基础与需求也不同。因此，在经典文献资源的选取中须有所区分，在分层分类教学中引导学生读原著、悟原理。比如，在学习唯物辩证法部分时，理工类大学生可以研读《自然辩证法》，人文社科类学生可以研读《路德维希·费尔巴哈和德国古典哲学的终结》，等等。

在纪念马克思诞辰 200 周年大会上，习近平总书记指出，要把读马克思主义经典、悟马克思主义原理当作一种生活习惯、当作一种精神追求，用经典涵养正气、淬炼思想、升华境界、指导实践。[1] 在“马克思主义基本原理”课程的教学体系中，经典文献研读应成为一个重要环节。围绕学生学习、学生发展、学习效果，经典文献研读环节的教学设计需要采取多种形式和手段。通过经典文献研读，引导学生真正把基本原理学懂、弄通、践行，增强课程学习的获得感，从而提升“马克思主义基本原理”课程教学的学理性与实效性。

---

[1] 习近平．在纪念马克思诞辰 200 周年大会上的讲话［M］．北京：人民出版社，2018：26.

以学生为中心的“中国近现代史纲要”课程阅读实践教学设计初探*

耿科研**

摘　要　本文从“以学生为中心”教学理念出发，在原有教学改革研究项目基础上，结合我校2022年春季学期开始的“纲要课”新版实践教学方案，着重从“纲要课”教与学的矛盾困境、课程目标与阅读文本类型细分、阅读实践教学的组织与实施等角度，探讨课程阅读实践教学设计与实施方案。将史料、学术、文学三种类型的文献阅读贯穿“纲要课”教学始终，能够有效提升课程容量，增强学生获得感。

关键词　中国近现代史纲要　教学改革　以学生为中心　实践教学　文献阅读

作为全国高等学校本科生必修的思想政治理论课之一，“中国近现代史纲要”课程（以下简称“纲要课”）兼具历史课和思想政治理论课的双重属性。在小学和中学阶段相关内容学习的基础上，大学生对该课程的研究性、创新性和综合性有更高的期待和更迫切的要求。对任课教师而言，如何在教学设计上加强创新，不断提高课程设计水平，以便在更高水平上

*　本文系北京石油化工学院教育教学改革与研究校级重点项目“以学生为中心的《纲要》课实践教学资源建设研究”（项目编号：19032082004/023）的研究成果。

**　耿科研，女，历史学博士，北京石油化工学院马克思主义学院副教授，主要研究方向为中国近现代史。

达到学生的期望，是“纲要课”教师必须不断思考的重点问题，更是必须突破的难点之一。笔者所在的中国近现代史教研室自 2019 年春获批“以学生为中心”校级教改重点项目以来，课程组始终以真正增强学生获得感，从根本上提升教学实效为目标，严格秉持深入研究、持续改进的理念，已经在“纲要课”教学中进行了三年六个学期的课程教学设计和改革探索实践。[1]

在上述教学改革项目经验和研究成果的基础上，结合我校 2022 年春季学期开始的“纲要课”新版实践教学方案[2]，笔者作为课程负责人，拟通过本文着重从“纲要课”如何设计和安排学生进行阅读实践的角度探讨本课程的实践教学思路。这既是对“以学生为中心”教学改革理念的延续和深入，也是课程组在新思路新方向上的初步探索和尝试。

一、“纲要课”教与学的矛盾困境

大学生群体是中国特色社会主义事业的核心后备力量，了解和学习近代以来中国的国史、国情，特别是中国共产党党史和中华人民共和国史，是青年一代立足中国的基本前提和基础。中国近现代史就其主流和本质而言，是自 1840 年鸦片战争以来，一代代志士仁人和人民群众为救亡图存和实现中华民族伟大复兴而英勇奋斗、艰辛探索并不断取得伟大成就的历史。其中尤为突出的是全国各族人民在中国共产党的领导下，进行伟大艰苦的斗争，经过新民主主义革命，创建中华人民共和国，赢得民族独立和人民解放的历史；是经过社会主义革命、建设、改革，把极度贫弱的旧中国逐步变成持续走向繁荣富强、充满生机活力的社会主义新中国的历史。

由于大学生在小学和中学学段已经比较系统地学习了中国近现代史的相关知识，在面对大学阶段的“纲要课”时常常会有重复感，从而表现为

---

[1] 耿科研，刘超杰，郑艳，等 . 知行并重，崇尚实践：以学生为中心的《纲要》课教学改革范式初探［C］// 北京石油化工学院 . 2019 年北京石油化工学院教育教学改革与研究论文集 . 北京：化学工业出版社，2020：75–80.

[2] 将实践教学融入课堂授课时间，理论教学和实践教学总学时合计 48 学时。

注意力难以集中，课程学习兴趣不足。与此同时，课程组在前期研究中发现，本校学生有关中国近现代史史实性知识的掌握情况并不理想。最明显的表现就是，经过一个学期的“纲要课”学习之后，仍有相当数量的学生在期末试卷上反映出各类基本史实错误，暴露出学生的学习兴趣、学科素养和学习效果还有极大的培育和提升空间。

上述情况凸显的教与学的矛盾是“纲要课”不断提高学生学习实效过程中无法回避的难题，一方面是学生觉得自己学过中国近现代史，相关内容都熟悉，主观上不愿意听老师“讲”；另一方面是任课教师深知学生的实际掌握情况不佳，所以经常在课堂上争分夺秒、苦口婆心地给学生“讲”，试图利用有限的课堂时间既填补漏洞又澄清错误。如此往复，课堂教学必然陷入教与学的矛盾困境，教师和学生都难以体验到成就感。

事实上，“以学生为中心”的教学理念要求教师必须努力以多种形式引导学生活跃起来，即通过课程设计真正充分发挥学生的特长和主动性，帮助学生建立起“这是我的课”的主体意识。结合前期开展“五个一”“研读一二小组共读”“三个一”等实践教学项目积累的经验，笔者越发强烈地感受到，如果学生知识储备不足，安排任何其他实践教学项目都有可能流于形式。唯有阅读实践是从源头入手，引导学生先输入，再输出，在具备了相关知识原材料的储备后，再组织学生进行课堂讨论分享观点，学生才能有的放矢，从而真正培养和提高他们的学习兴趣和学习能力，也才能真正突破教与学的困境。

2022年春季学期开始，笔者将在所承担的授课班级开展阅读实践教学，并更新制定4.0版本的《〈纲要〉课实践教学学生手册》。[1]不同于此

---

[1] 在过去三年的教学实践中，课程组组织编写了《〈纲要〉课实践教学学生手册》，并在教学中组织实施。手册的设计利用“项目驱动”课程理念，组织学生分小组以完成项目为目标。《学生手册》1.0版（纸质版，学生人手一册）是以“五个一”（一人、一书、一景、一信、一剧）为线索，引导学生完成课程实践学习要求。2.0版是“研读一二”小组共读项目手册（电子版），方便学生填写、提交和教师存档，学生3—5人自愿结组，在教师提供的党史、新中国史书单中选择一本完成阅读、讨论，并填写项目手册。3.0版是“三个一”，结合前期学生反馈，在“五个一”的基础上精简而成（电子版），即完成一份阅读报告，参观一处红色景点并拍摄微视频，观看一部红色影视剧，撰写观后感。

前的阅读报告及小组共读项目，本学期阅读实践教学将对学生的阅读内容进行深入梳理和归类，探索实现三种不同类型的阅读材料各有所取的教学设计思路，并针对学生的阅读实践安排相应的课堂讨论，以增强学生的主体意识并检验学习效果。同时，课程组于2021年秋季学期开通的微信公众号“研读一二”将继续作为课程实践教学成果展示平台，发挥激励作用。

二、课程目标与阅读文本类型细分

无论是理论教学还是实践教学，都必须以课程目标为依据。“纲要课”的课程目标可以细化为三个层面，即知识层面、能力层面和价值观层面。

就知识层面而言，以往曾有观点认为，小学和中学阶段的历史和政治类相关课程是为了让学生掌握基本历史知识和历史细节，大学阶段的“纲要课”重点已经不是历史史实类的基础知识，而是主要帮助学生从整体上把握中国近现代史的主流和主线，建立宏观的历史线索感。其实，扎实掌握基础性和事实性的知识对任何一个学科的学习都至关重要。如果学生对基本历史史实缺乏准确掌握和积累，以宏观历史线索和框架为核心的教学模式，无非还是陷入前述教与学的困境而难以突破，很难产生良好的教学效果。

能力层面的课程目标主要是围绕建立和加强学生的历史学科素养展开。一方面，培养学生充分认识以史料为依据来解释中国近现代历史的重要性，帮助学生建立重证据的历史意识和处理历史信息的能力，逐步提高学生对历史的理解能力；另一方面，帮助学生体验探究历史问题的过程，让学生通过收集资料和分析思考，学会对历史事物进行分析和评价，并在探究的过程中尝试反思历史，总结和汲取历史的经验教训。同时，培养学生分析、综合、概括、比较等思维能力，帮助学生形成正确的历史观念，进而认识近现代中国历史发展的时代特征和历史发展的基本趋势。

“纲要课”作为大学生必修的一门思想政治理论课，价值观层面的课程目标显然是重中之重。通过课程学习，学生要能够感悟近现代中国人民为救亡图存和实现中华民族伟大复兴而进行的英勇奋斗和艰苦探索，认识中国共产党在中国革命、建设和改革事业中的决定作用，树立中国特色社会主义理想信念；要能够继承和弘扬以爱国主义为核心的民族精神，认识到国家统一、民族团结和社会稳定是中国强盛的重要保证，形成对国家、民族的认同感，增强历史责任感；要能够从历史的角度认识中国的具体国情，认同中华优秀传统文化、红色革命文化和社会主义先进文化，尊重和热爱祖国的历史和文化；要能够不断提高意识水平，增强鉴别力和警惕性，识别各种形式的历史虚无主义，树立正确的历史观。

针对上述三个层面的课程目标，“纲要课”学生的阅读实践文本类型自然也应该有相应的区分和归类。为此，笔者初步将“纲要课”阅读实践对象划分为史料文本、学术文本和文学文本三类。

其中，史料文本是基础。通过史料文本阅读，能够最大限度帮助学生夯实史实知识储备，从而为实现知识层面的课程目标奠定基础。学术文本是学者针对相关主题进行的学术研究成果，是学术积累的重要成就。学术文本阅读能够帮助学生学习研究和认识中国近现代历史的思路和方法，从而提高学生对中国近现代历史的理解能力。文学文本则是指作家以小说等艺术形式创作的历史题材的文学作品，如主人公在历史上确有其人的历史小说、报告文学、传记等，或以虚构的主人公为媒介，描写特定历史时期或历史背景下社会生活图景及历史面貌的各类文艺作品。无论是前者还是后者，其共同点在于作品所描写的人物和事件都是生活在中国近现代历史进程中的某个特定阶段，作家通过艺术创作生动再现该历史时期的生活面貌、历史过程和历史发展趋势。

根据以往的教学实践经验，史料文本在“纲要课”教学中的价值不言而喻，也是利用率最高的。学术文本利用率居第二位，文学文本阅读还有待进一步挖掘和研究，其价值和意义还未得到充分认知。

三、三种不同类型阅读文本举要

教学设计要以“纲要课”教材和课程大纲为依据，阅读材料的选取和布置也要首先立足教材，在教材基础上拓展和延伸。针对知识层面的课程学习目标，史料文本是相对容易鉴别和选择的一类阅读文本，因为教材本身已经为教师和学生梳理并规定了明确的史料文本阅读参考范围。教材涉及的阅读文献大致可以分为知识点二维码阅读材料（2021年版教材新增内容）、必读文献、延伸阅读文献和教材内容脚注文献（见表1）。其中，60个二维码知识点和34篇必读文献是学生阅读实践文本的首选，也是必选内容。

表1 《中国近现代史纲要（2021年版）》教材所含阅读文献

教材章节名称	知识点二维码（个）	必读文献（篇）	延伸阅读文献（篇）	脚注文献（章内重复不计）（个）
第一章 进入近代后中华民族的磨难与抗争	2	4	3	17
第二章 不同社会力量对国家出路的早期探索	1	2	3	10
第三章 辛亥革命与君主专制制度的终结	3	3	3	13
第四章 中国共产党成立和中国革命新局面	4	3	3	18
第五章 中国革命的新道路	4	5	1	9
第六章 中华民族的抗日战争	12	3	1	13
第七章 为建立新中国而奋斗	9	3	2	13
第八章 中华人民共和国的成立与中国社会主义建设道路的探索	11	4	3	13
第九章 改革开放与中国特色社会主义的开创和发展	2	4	3	7

续表

教材章节名称	知识点二维码（个）	必读文献（篇）	延伸阅读文献（篇）	脚注文献（章内重复不计）（个）
第十章 中国特色社会主义进入新时代	12	3	2	9
总计	60	34	24	122

数据来源：《中国近现代史纲要（2021 年版）》编写组. 中国近现代史纲要（2021 年版）[M]. 北京：高等教育出版社，2021.

学术阅读文本的作者一定是马克思主义理论学科、历史学、政治学、社会学等相关专业学者，专攻中国近现代史各领域专题研究，并且其著作在学界具有重要学术地位。具体而言，“纲要课”学术阅读文本主要包括研究中国近现代史基本问题、中国共产党历史、中华人民共和国史、改革开放史、习近平新时代中国特色社会主义思想等方面的学术专著，或外国学者从国际视角研究中国近现代历史相关专题的学术译著，或中国近现代重要历史人物传记，特别是中共党史人物传记等。需要特别指出的是，前述 2021 版教材内文脚注文献中除了包括史料文本，还有一部分就属于学术著作的范畴，完全可以作为学生进行学术阅读的文本，如第七章引注的《毛泽东传》，第九章引注的《习仲勋传》（见表 2）。

表 2　阅读实践教学备选学术阅读文本数例

序号	作品名称	作者	出版信息	历史时段	可对应教材章节
1	《近代中国社会的新陈代谢》	陈旭麓	生活·读书·新知三联书店 2017 年版	1840—1919 年	第 1—4 章、第 6 章

续表

序号	作品名称	作者	出版信息	历史时段	可对应教材章节
2	《毛泽东传》	中共中央文献研究室	中央文献出版社 2011 年版	1893—1976 年	第 1—8 章
3	《不忘初心：优秀共产党员的入党情怀》	刘绍卫等	广西人民出版社 2018 年版	1921—2018 年	第 4 章 第 10 章
4	《井冈山革命根据地史》	余伯流、陈钢	江西人民出版社 2014 年版	1927—1930 年	第 5 章
5	《中国，被遗忘的朋友：西方人眼中的抗日战争全史》	[英]拉纳·米特	新世界出版社 2014 年版	1937—1945 年	第 6 章
6	《细节的力量——新中国的伟大实践》	李颖	上海人民出版社、学林出版社 2019 年版	1949—2019 年	第 7—10 章
7	《中国震撼：一个“文明型国家”的崛起》	张维为	上海人民出版社 2010 年版	1978—2010 年	第 9 章 第 10 章
8	《习仲勋传》（下）	《习仲勋传》编委会	中央文献出版社 2013 年版	1949—2002 年	第 9 章
9	《改革开放 40 年与中国青年》	杨雄、张虎祥	上海人民出版社 2010 年版	1978—2018 年	第 9 章 第 10 章

根据以往的教学实践经验，只安排学生进行史料文本阅读和学术文本阅读对于我校工科类一般本科大学一年级的学生而言还是有一定难度的。因此，在帮助学生保质保量研读上述两类文本的基础上，需要尝试引入文学文本阅读作为补充，以便提高学生的学习兴趣，也是实现价值观层面课程目标的重要途径。文史不分家，优秀且与教学内容契合度高的文学作品能够给学生强烈的现场感。通过文学阅读，学生不仅能够体验到返回历史现场的身临其境，从而更容易理解教材中讲到的知识点，还能够从作品主人公的人生经历中受到精神震撼，获得思想成长，达到史料阅读和学术阅读所难以实现的学习效果。

举例而言，“纲要课”第七章主题是“为新中国而奋斗”，会讲到国共力量对比发生强弱转换的事实，学生可以去死记硬背为什么国民党由强转弱，因为国民党政权腐败，通货膨胀严重，民不聊生，等等；但是，如果有文学阅读作为课前铺垫，在学到这部分的时候，教师简单提醒一下学生就能记起相关的历史细节，从而更容易理解这个问题。《红岩》一开篇就介绍 1948 年元旦时的重庆，其中有生动的细节描写商业街的铺面为了装点节庆的气氛，纷纷挂出了长长的“彩带”，这个彩带可不是真的绸布之类的彩带，而是法币“万元大钞”连缀起来构成的，花花绿绿的一片。文中看似轻描淡写地说了一句，可能店家心里清楚，这样弄，成本比真的去买彩带还来得划算。[1]

这样的生活状态是什么概念？学生读文学作品的时候可能并没有深入思考，当我们在课堂上讲到第七章的时候，再把学生读文学作品时候的记忆拉进来，他们一下子就理解了，国民党政权之下的老百姓生活在什么样的境况之下——货币贬值如此严重，发行了万元大钞还不够，据说还要发行十万元面值、百万元面值的。老百姓有限的一点财富就在如此恐怖的通货膨胀中被无情吞噬，这样的政权其结局自然是注定的。

文学阅读是帮助学生重返历史现场的重要途径之一。不过，近现代以

[1] 罗广斌，杨益言 . 红岩［M］. 北京：中国青年出版社，2012：2.

来优秀的小说作品多不胜数，特别是中华人民共和国成立后，文学取得了辉煌成就，长篇小说创作硕果累累，出现了大量脍炙人口的佳作，如何选择并确定推荐给学生进行文学阅读的书目是一个必须首先解决的问题。按照课程内容结构及教学目标，笔者初选如下作品推荐给学生，作为备选的文学阅读文本（见表 3）。

表 3　阅读实践教学备选文学阅读文本数例

序号	作品名称	作者	出版信息	历史时段	可对应教材章节
1	《百川东到海》	郑欣	贵州人民出版社 2021 年版	1919—1949 年	第 4—7 章
2	《万山红遍》	黎汝清	人民文学出版社 2019 年版	1928 年	第 5 章
3	《长征：前所未闻的故事》	[美]哈里森·索尔兹伯里	北京联合出版公司 2015 年版	20 世纪 30—70 年代	第 4—8 章
4	《风云初记》	孙犁	江苏凤凰文艺出版社 2019 年版	抗日战争初期	第 6 章
5	《黄河东流去》	李準	人民文学出版社 2019 年版	20 世纪 30 年代抗日战争时期	第 6—7 章
6	《山乡巨变》	周立波	上海文艺出版社 2019 年版	20 世纪 50 年代农业合作化运动时期	第 8 章
7	《上海的早晨》	周而复	人民文学出版社 2019 年版	20 世纪 50 年代资本主义工商业社会主义改造时期	第 8 章

续表

序号	作品名称	作者	出版信息	历史时段	可对应教材章节
8	《大记录：中国改革开放四十年报告文学选》	李炳银	安徽文艺出版社 2018 年版	1978—2017 年	第 8—10 章
9	《习近平的七年知青岁月》	中央党校采访实录编辑室	中共中央党校出版社 2017 年版	1969—1975 年	第 8 章、第 10 章

笔者认为，上述作品以文学艺术的形式深入揭示了近代以来，特别是中华人民共和国成立 70 多年来中华民族的伟大历程、辉煌成就和宝贵经验。它们既依据历史事实，又不同于历史教科书，在历史书写中融入了独特的文化意蕴和审美内涵。它们用文学特有的细腻笔触书写了丰富多样的中国故事、中国形象、中国旋律，塑造了一大批深入人心的人物形象，展现了风起云涌的时代洪流中那些有着共同理想与信念的人们勇于奋斗、敢于拼搏甚至献出宝贵生命的故事。

在“纲要课”实践教学中引导学生阅读这些优秀的文学作品，不仅能够提高学生对课程本身的学习兴趣，更重要的是希望学生能够“从作品中看到自己的人生”，激励他们进一步明确使命，从而自觉为实现第二个百年奋斗目标、实现中华民族伟大复兴的中国梦而坚定前行。果真如此，我们就有望实现最高层级的教学目标。

四、阅读实践教学的组织与实施

教学过程是任课教师在教学设计指导下引导学生积极参与课前、课中、课后各项活动，师生合作共同实现课程学习目标的过程。针对即将开展的“纲要课”阅读实践教学，笔者拟采用全流程组织与实施办法，主要包括如下方面。

第一，学期开始前，任课教师按照前述史料、学术、文学三种阅读文本类型，提前制定本学期备选阅读文献书（篇）目，编制电子版《〈纲要〉课学生阅读实践手册》。

第二，学期初，任课教师充分利用云班课平台及授课班级企业微信群等的信息发布、任务布置、资料分发等功能，将学期阅读实践相关通知、资料、指南、手册等上传至云班课资源，便于学生了解相关安排。另外，任课教师每周提前在云班课系统发布并提醒下一周阅读或讨论任务，以便学生能够按照要求做好准备工作。

第三，课堂教学过程中，任课教师合理安排理论教学和阅读实践教学的时间分配，按照教学计划组织学生针对三类不同的阅读文本进行小组讨论及课堂分组展示，鼓励学生由阅读而思考，由思考而表达，由表达而交流，力争全面提升学习能力和学科素养。

另外，整个学期，任课教师除了利用云班课平台留存教学档案，还应随时注意收集和整理学生阅读实践的相关成果和反馈意见，以便保证学生过程性考核的科学性，并为今后不断总结和改进阅读实践教学设计积累素材和依据。

总之，不管教学设计如何变化，作为任课教师的我们初心未改、目标如一，那就是通过不断地进行课程改革，创新教学理念，努力让“中国近现代史纲要”课真正做到“以学生为中心”——以学生学习为中心、以学生发展为中心、以学生学习效果为中心。史料、学术和文学三种类型文本相结合的阅读实践教学就是我们为了这一目标而进行的新尝试、新探索、新突破。改革永远在路上，我们的课程教学改革也永远在路上。

“中国近现代史纲要”课程专题教学模式探析 *

刘超杰 **

摘　要　“中国近现代史纲要”是大学生必修的思想政治理论课之一。以教材为依托，通过开展专题教学，可以更好地发挥该课资政育人的作用。围绕专题教学，有三个方面的问题需要任课教师进行重点研究：专题教学的作用、专题教学应注意的问题和专题教学的主要内容。

关键词　思政课　中国近现代史纲要　专题教学

大学生必修的“中国近现代史纲要”课程性质是思想政治理论课，学科基础是历史学，是通过学习中国近现代史，让学生深刻领会“四个选择”和“三个为什么”。但该课程历史时间跨度大、内容复杂，任课教师在备课、授课的过程中必须思考和研究，通过什么教学方式才能让学生在学好中国近现代历史知识的基础上思想得到升华。在多年教学实践经验的基础上，我们认为专题教学是一种行之有效的教学方式。

---

*　本文曾发表于《北京教育（高教版）》2022 年第 8 期，收入本书时略有修改。

**　刘超杰，男，法学博士，北京石油化工学院马克思主义学院讲师，主要研究方向为中共党史和现代国际关系。

一、专题教学的作用

由于中国近现代史涉及1840年鸦片战争至今180余年的历史，跨越晚清、中华民国和中华人民共和国时期，时间跨度大、内容复杂，因此，只有充分发挥专题教学的作用，才能更好地引导和帮助学生学习历史，悟懂历史。具体而言，针对中国近现代史开展专题教学主要有内容更聚焦、理解更透彻、讲授更灵活三个方面的显著优势。

1. 内容更聚焦

中国近现代史的灵魂是“寻路”。通过专题教学，任课教师更能把要讲的历史知识及中国近现代史的主题和主线凸显出来。历史很复杂，要想学好历史，必须有清晰的思路，才能把历史厘清，这就要求任课教师必须以教材为准绳，在对教材内容进行系统整合的基础上划分能够突出主题主线的若干专题。这样的教学设计和授课模式对学生有两个好处：便于帮助学生抓住课程学习要点；利于学生形成清晰的思路。这两个方面恰恰是学生在学习过程中相对薄弱的方面。

2. 理解更透彻

学习中国近现代史，如果任课教师单纯按照章节来讲，每次课讲单一时段的内容，无法体现历史的时间跨度。就教材而言，单一章节的内容都是在特定的较短时期内发生的。因此，教材编写者很难把时间跨度较大的、相近的历史放到一章内容中呈现。专题教学实践能够有效克服这个弊端。例如，在讲中国现代史的部分时，涉及新中国两次历史大转折的问题，就可以在课堂上纵横古今，对比两千多年前西汉历史上的两次大转折。这样，就能把历史大转折这个问题讲透彻、讲明白，也更能启发学生站在中华五千年文明史的背景下深入思考历史问题。

3. 讲授更灵活

任课教师在充分理解教材内容和教学目标的基础上，将中国近现代史融会贯通，以专题方式展开教学，可以使讲授更机动，更灵活，课堂更有吸引力。例如，在讲授“中国共产党波澜壮阔的二十八年革命”时，完全可以在突出“二十八年”的基础上，把近代以来中国“革命”的相关内容在此进行贯通式讲解，可以讲革命发生的条件，可以讲新民主主义革命的基本特点等，让学生在一个专题下体验豁然开朗的学习感受。

二、专题教学应注意的问题

1. 全面与重点的统一

专题教学一般都能抓住“重点”，但往往会忽略“全面”。历史有一个很重要的特点，就是历史具有连贯性和继承性。因此，只有全面把握历史，才有可能悟出历史的真谛。所以，在讲历史的重点时，必须要把历史串起来，才能让学生了解和掌握历史的全貌。

2. 各专题之间的联系

教学实践中设计的多个专题，其中作为课程开篇的第一个专题一定要有统揽性。比如第一讲，任课教师一定要讲清楚涉及中国近现代史的几个关键问题，从导论的角度，站在高处统揽整个课程，避免学生在专题学习中只见树木，不见森林；第二讲，要讲清无论是晚清的改良还是辛亥革命都没有改变中国的社会性质；第三讲，中国共产党的继续“寻路”——进行了二十八年革命；第四讲，由于探索社会主义道路出现了失误，所以才有第二次历史大转折；进而到第五讲，中国特色社会主义经过几代人的接续发展，进入了新时代。

3. 每个专题都有主线

就笔者个人的教学实践，在五个教学专题中，第一讲的主线是学习目的；第二讲的主线是危机与出路；第三讲的主线是“寻路”；第四讲的主线是历史大转折；第五讲的主线是新时代。

4. 及时增加党的路线方针政策的最新内容

“中国近现代史纲要”课程首先是一门思想政治理论课，其次才是历史课。所以，要及时增加党的路线方针政策的最新内容，用党的路线方针政策统领历史内容，体现“中国近现代史纲要”作为立德树人灵魂课程的教学目标。

三、专题教学的主要内容

中国近现代史，时间跨度180多年，经历了几个政权的更迭，内容极其庞杂。怎样把庞杂的内容进行分类，又使其形成一个有机整体，笔者在教学实践中设计了五个教学专题。五个专题由“寻路”这一核心主题统揽，通过系统讲授，让学生明白中国近现代史通篇都闪耀着爱国主义的光辉。

1. 几个重要问题

（1）学习“中国近现代史纲要”课程的主要目的。学习该课的主要目的是深刻认识中国近现代历史的进程及其规律；深刻领会“四个选择”——历史和人民是怎样选择了马克思主义、中国共产党、社会主义道路、改革开放；深刻领会“三个为什么”——中国共产党为什么能、马克思主义为什么行、中国特色社会主义为什么好，从而更加坚定地在中国共产党领导下为实现中华民族伟大复兴而奋斗。

（2）中国近现代历史的基本概况和基本特点。了解中国近现代历史的基本概况和基本特点，就能更好地把握这段历史演进的脉络。

（3）讲清课程涉及的基本概念。第一，半殖民地半封建社会的概念。这是中国近代的社会性质，也是中国近代历史的最重要概念。毛泽东指出：“只有认清中国社会的性质，才能认清中国革命的对象、中国革命的任务、中国革命的动力、中国革命的性质、中国革命的前途和转变。所以，认清中国社会的性质，就是说，认清中国的国情，乃是认清一切革命问题的基本的根据。”[1]半殖民地社会是从“主权”这个角度来讲的。半殖民地社会，即中国大部分主权丧失了，不独立了。半封建社会是从“经济成分”这个角度来讲的。半封建社会，即中国封建社会中产生了资本主义经济。第二，中国近代社会阶级关系的变动。中国近代史，就是一部革命史。所以，了解中国近代各阶级的目的，是看其与革命的关系。第三，中

---

[1] 毛泽东．毛泽东选集：第二卷［M］．北京：人民出版社，1991：633.

国近代社会的主要矛盾、历史任务和革命性质。中国近代社会的主要矛盾、历史任务和革命性质是中国近代史的核心问题，只有深刻理解这个核心问题，才能学好中国近代史。

2. 危机与出路

中国近代历史有两条主线。只有把握中国近代历史的这条主线，才能看清悟透这段历史。这两条主线分别是以“危机”为统领的第一条主线和以“出路”为统领的第二条主线。

就危机而言，主要经历三个阶段，即帝国主义侵略阶段（1840—1912年）、北洋军阀混战阶段（1912—1927年）以及国民党发动内战和日本侵华阶段（1927—1949年）。在这109年的历史中，危机始终伴随着中国。

就出路而言，主要有两条道路：一条道路是改良，另一条道路是革命。近代中国，改良这条道路走不通。事实上，只有通过革命才能获得民族独立、人民解放。

3. 中国共产党波澜壮阔的二十八年革命

（1）新民主主义革命的基本特点。新民主主义革命的基本特点可概括为复杂性、艰巨性、长期性。鸦片战争后，中国近代社会变得极其复杂，社会性质、社会矛盾、革命性质、革命任务、阶级关系等都发生了前所未有的变动。中国共产党在进行革命的过程中，从理论到实践不断深化对上述问题的认识。经过18年的艰辛探索，毛泽东于1939年12月发表了《中国革命和中国共产党》一文，对上述基本问题进行了充分论证和精辟分析。

（2）开天辟地的大事变。这部分内容主要围绕中国共产党成立的条件展开。通过对条件的分析，说明20世纪20年代中国共产党诞生的必然性。

（3）中国革命的新道路。毛泽东等中国共产党人积极探索中国革命的新道路，不仅从实践上积极探索，而且从理论上积极探索。在毛泽东等人的艰辛探索下，中国共产党终于找到了有别于苏联的中国式的革命道路。

（4）中华民族的抗日战争。这部分内容是最好的爱国主义教材。课堂讲授主要围绕抗日战争是持久战、中国共产党是抗日战争的中流砥柱、中国抗日战争在世界反法西斯战争中的地位和作用及抗战胜利的原因和意义等展开。

（5）为建立新中国而奋斗。这部分内容揭示了一个颠扑不破的历史真理：得民心者得天下，失民心者失天下。

4. 历史大转折

中国五千多年的历史蕴藏着许多规律，其中，历史大转折规律是最重要的规律之一。把握了历史大转折规律，就能把中国历史看得更为清楚。中国历史大转折规律表现为两种形式，一种是朝代更替，另一种是朝代内部“由乱到治”。历史不总是简单的重复，却有惊人的相似。

社会主义革命和建设部分的内容主要围绕社会主义革命和积极探索社会主义建设道路展开。新中国的第一次历史大转折就发生在这一历史时期。这一时期，社会主义革命完成得比较好。但是，在探索社会主义建设道路过程中出现了失误。正如邓小平总结 1957 年以来历史经验教训时所指出的：“不改革不行，不制定新的政治的、经济的、社会的政策不行。十一届三中全会制定了这样的一系列方针政策，走上了新的道路。这些政策概括起来，就是改革和开放。”[1]党的十一届三中全会，是新中国的第二次历史大转折。从此，中国的历史进入了改革开放时代。经过几代人的努力，中国特色社会主义取得了巨大成就。

5. 新时代中国特色社会主义

党的十八大以来，中国特色社会主义进入新时代。中国共产党和中国人民以英勇顽强的奋斗精神及取得的巨大成就向世界庄严宣告，中华民族迎来了从站起来、富起来到强起来的伟大飞跃，实现中华民族伟大复兴进入了不可逆转的历史进程。党的十八大和十九大制定了一系列路线方针政策。在习近平新时代中国特色社会主义思想指导下，党和国家的事业取得了历史性成就，发生了历史性变革。

---

[1] 邓小平 . 邓小平文选：第三卷［M］. 北京：人民出版社，1993：266.

总之，“中国近现代史纲要”课程涉及的历史跨度大，波澜壮阔，任课教师如何以教材为依托，通过开展专题教学从而将课程的独特魅力发掘出来，是需要在实践中不断进行深入思考的。以上所述的“五个专题”教学模式回应了该课程专题教学应注意的重点问题，能够比较充分地发挥专题教学的优势，是该课程建设道路上必不可少的一种探索和实践。

“坚持和加强党的全面领导”专题教学的思考与设计 *

郑　艳 **

摘　要　在“坚持和加强党的全面领导”专题教学中，通过重点讲清楚三个问题，即坚持和加强党的全面领导的历史逻辑、理论逻辑、实践逻辑，“两个维护”是坚持和加强党的全面领导的核心要义，自身建设和制度建设是坚持和加强党的全面领导的实践要求，帮助大学生深刻认识到坚持和加强党的全面领导的重要性，坚决做到“两个维护”，自觉将青春奋斗融入伟大梦想，投身民族复兴的伟大实践。

关键词　党的全面领导　专题教学　教学设计

习近平总书记关于坚持和加强党的全面领导的一系列重要论述，是习近平新时代中国特色社会主义思想的重要组成部分。《中共中央关于党的百年奋斗重大成就和历史经验的决议》总结了党百年奋斗积累的宝贵经验，首要的就是坚持党的领导。因此，在“中国近现代史纲要”课“中国特色社会主义进入新时代”一章中开展“坚持和加强党的全面领导”专题

* 本文系北京石油化工学院教育教学改革和研究项目“构建党史学习教育融入‘中国近现代史纲要’的四重维度教学体系的教学改革与实践”（项目编号：ZD202206001）的研究成果。

** 郑艳，女，历史学博士，北京石油化工学院马克思主义学院讲师，主要研究方向为中国近现代史基本问题、党史党建。

教学，既是应有之义，更是重中之重。通过讲清讲透这一命题的重大意义、精髓要义、实践路径，引导大学生深刻领悟“中国共产党是领导我们事业的核心力量”❶，厚植爱党、爱国、爱社会主义的情怀，积极响应党中央的号召，争做中华民族伟大复兴的先锋力量。

一、坚持和加强党的全面领导的重要意义

中国共产党的领导地位不是自封的，是历史和人民的选择，是由近代以来中国社会发展的历史逻辑、理论逻辑、实践逻辑决定的。

1. 从历史逻辑看，中国共产党领导地位形成的历史必然性

在中国共产党成立以前，没有任何一种政治力量、任何一个阶级能够完成救亡图存的历史任务。“中国迫切需要新的思想引领救亡运动，迫切需要新的组织凝聚革命力量。”❷中国共产党就在这种历史发展的链条中应运而生。一百年来，中国共产党团结带领人民顽强拼搏，接续奋斗，取得了举世瞩目的伟大成就。虽然出现过失误和曲折，但党以敢于正视错误、善于纠正错误的政治勇气和政治智慧，校正了党和国家的航向，始终成为领导革命、建设、改革的核心力量，赢得了广大人民的衷心拥护。历史事实雄辩地证明，中国共产党的执政地位是历史和人民的选择。

党始终把人民放在最高的位置，把改善人民生活作为一切工作的准则。新中国成立初期到2020年，人民生活水平实现了历史性跨越，贫困发生率由赤贫到全部脱贫，人均可支配收入由98元到32189元，预期寿命由35岁到77.3岁，婴儿死亡率由200‰到5.4%，学龄儿童入学率由20%到99.96%，15岁及以上人口平均受教育年限由80%以上人口是文盲

---

❶ 中共中央关于党的百年奋斗重大成就和历史经验的决议（2021年11月11日中国共产党第十九届中央委员会第六次全体会议通过）[N]. 人民日报，2021-11-17（01）.

❷ 习近平. 在庆祝中国共产党成立100周年大会上的讲话 [M] // 习近平. 习近平谈治国理政：第四卷. 北京：外文出版社，2022：4.

到 9.91 年，高等教育毛入学率由 0.22% 到 54.4%。[1] 历史已经证明，党的百年奋斗从根本上改变了中国人民的命运；历史将会证明，在党的坚强领导下，中国人民必将创造更加美好的生活。

2. 从理论逻辑看，中国共产党领导是中国特色社会主义最本质的特征

习近平总书记开创性地提出中国共产党领导是中国特色社会主义最本质的特征，是中国特色社会主义制度的最大优势的科学论断。教学中，必须进行理论溯源，给学生讲清楚坚持党的领导是科学社会主义的基本原则。中国特色社会主义是科学社会主义基本原则与当代中国国情相结合的产物，既坚持科学社会主义基本原则，又在道路、理论、制度、文化上具有鲜明的时代特征和中国特色，而中国共产党的领导是贯穿其中最本质的特征。如果丢掉党的领导，中国特色社会主义将不复存在。因此，习近平总书记深刻指出，科学社会主义的基本原则不能丢，丢了就不是社会主义。[2] 中国特色社会主义有很多特点和特征，但最本质的特征是坚持中国共产党领导。[3] 理论上清醒是政治上坚定的前提。回到本源上去认清这个问题，就是为了让学生清醒地认识到坚持党的全面领导是坚持和发展中国特色社会主义的必由之路，否定党的领导就是否定中国特色社会主义。

国际共产主义运动史证明，执政党削弱甚至放弃领导权，就会亡党亡国。苏共便是前车之鉴。苏联解体前，苏共是一个有着 90 多年历史、连续执政 70 多年的大党老党。它在有 20 万名党员时取得了十月革命的胜利并夺取了全国政权，在有 200 万名党员时打败了德国法西斯，而在有近 2000 万名党员时丧失了执政地位。其根本原因就在于放弃民主集中制原则，各级党组织自行其是，拱手让出舆论阵地，从思想混乱演变为组织混乱，最终导致苏联社会主义模式走向崩塌和苏联解体。东欧剧变之际，中

---

[1] 中共中央宣传部．中国共产党的历史使命和行动价值［N］．人民日报，2021-08-27（01）．

[2] 习近平．在纪念马克思诞辰二百周年大会上的讲话［M］// 习近平．论中国共产党历史．北京：中央文献出版社，2021：210-211.

[3] 习近平．中国共产党领导是中国特色社会主义最本质的特征［J］．求是，2020（14）：4.

国共产党顶住了巨大压力和冲击，牢牢站稳脚跟，团结和依靠人民，开创全面改革开放新局面，成功把中国特色社会主义推向21世纪。在中国共产党的坚强领导下，中国人民续写好中国特色社会主义这篇大文章，推动中国特色社会主义进入新时代，向着中华民族伟大复兴的目标继续奋勇前进。英国学者罗思义（John Ross）由衷感慨道："亲历苏联解体让我意识到，拥有中国共产党是中国人民最大的幸运。"❶

3. 从实践逻辑看，中国共产党的领导是新时代坚持和发展中国特色社会主义、实现中华民族伟大复兴的根本保证

当前，世界正经历百年未有之大变局，国际形势复杂多变。我国正处于实现中华民族伟大复兴关键时期，改革发展稳定任务之重、矛盾风险挑战之多、治国理政考验之大都是前所未有的。统筹国内国际两个大局，抓住和运用大变局蕴含的历史机遇，防范和化解大变局带来的风险挑战，推动中国特色社会主义事业一往无前，实现中华民族伟大复兴的中国梦，关键在党。党是战胜一切风险和挑战的"定海神针"。正如习近平总书记所言："面对复杂形势和艰巨任务，我们要全面把握世界百年未有之大变局和中华民族伟大复兴战略全局，有力应对重大挑战、抵御重大风险、克服重大阻力、化解重大矛盾，进行具有许多新的历史特点的伟大斗争，实现中华民族伟大复兴，最根本的保证还是党的领导。"❷

二、坚持和加强党的全面领导的科学内涵

"两个维护"是坚持和加强党的全面领导的核心要义。坚决维护习近平总书记党中央的核心、全党的核心地位，坚决维护党中央权威和集中统一领导，保证全党团结统一和行动一致，确保党始终总揽全局、协调各方。

---

❶ 罗思义. 亲历苏联解体让我意识到，拥有中国共产党是中国人民最大的幸运［EB/OL］.（2021-12-27）［2022-05-30］. https：//www.guancha.cn/LuoSiYi/2021_12_27_619959_3.shtml.

❷ 习近平. 贯彻落实新时代党的组织路线 不断把党建设得更加坚强有力［J］. 求是，2020（15）：6.

1. 坚决维护习近平总书记党中央的核心、全党的核心地位

无产阶级政党必须确立和维护领导核心。党的百年奋斗历史经验表明：全党必须有一个核心。什么时候坚定维护核心，党的事业就不断取得胜利；否则，党的领导就必然弱化，党的事业就必然遭受挫折。习近平总书记党中央的核心、全党的核心地位，是在新的伟大斗争实践中形成的。党的十八届六中全会正式确立习近平总书记党中央的核心、全党的核心地位。党的十九大把习近平总书记党中央的核心、全党的核心地位写入党章。这是历史和人民的共同选择、郑重选择，是保持党和国家事业发展正确方向的根本保证。党的十八大以来党和国家事业取得的历史性成就、发生的历史性变革，充分证明习近平总书记不愧为党中央的核心、全党的核心。

新冠疫情暴发以来，“中国之治”和“西方之乱”形成了鲜明的对照。以美国为首的西方世界乱象频发、党派纷争、政坛恶斗、社会撕裂、种族歧视……反观中国，以习近平同志为核心的党中央统揽全局，果断决策，全国一盘棋，政令畅通，统一行动，坚决贯彻中央决策部署，严格高效落实各项防控措施，打赢了抗疫阻击战，经济运行总体平稳，社会保持和谐稳定，人民自信坚定从容。这一切源于党的坚强领导，源于中国特色社会主义制度的优越性，源于以习近平同志为核心的党中央领航掌舵。

2. 坚决维护党中央权威和集中统一领导

维护党中央权威和集中统一领导，是一个成熟的马克思主义政党必须始终坚持的重大原则。恩格斯在总结巴黎公社失败教训时强调：“巴黎公社遭到灭亡，就是由于缺乏集中和权威。”[1]维护党中央权威和集中统一领导，是对党百年奋斗累积沉淀的宝贵历史经验的提炼。历史充分证明，只有党中央有权威，党的事业才兴旺发达。否则，党的事业就遭受挫折。正如习近平总书记所言：“如果党中央没有权威，党的理论和路线方针政策

---

[1] 恩格斯. 恩格斯致卡洛·特尔察吉［M］// 马克思恩格斯选集：第 4 卷 .3 版 . 北京：人民出版社，2012：500.

可以随意不执行，大家各自为政、各行其是，想干什么就干什么，想不干什么就不干什么，党就会变成一盘散沙，就会变成自行其是的‘私人俱乐部’，党的领导就会变成一句空话。”❶维护党中央权威和集中统一领导，是坚持和完善中国特色社会主义制度、推进国家治理体系和治理能力现代化的根本方向和根本保证。只有坚决维护党中央权威和集中统一领导，才能做到既不走封闭僵化的老路，也不走改旗易帜的邪路，弄明白“坚持和巩固什么、完善和发展什么”这个重大政治问题，推动中国特色社会主义制度更加完善、国家治理体系和治理能力现代化水平明显提高。“中国奇迹”充分证明，始终坚持党的领导是形成制度优势、增强治理效能的根本所在，是“中国之治”的奥秘所在，是党和国家事业不断发展的“定海神针”。

“两个维护”在本质上是一体的。坚决维护党中央权威和集中统一领导，首先要维护习近平总书记党中央的核心、全党的核心地位；坚决维护习近平总书记党中央的核心、全党的核心地位，就是维护党中央权威和集中统一领导；“两个维护”是方向性、原则性问题，事关党和国家的事业全局和前途命运。

3. 确保党始终总揽全局、协调各方

习近平总书记指出：“我们要把坚持党的领导贯彻和体现到改革发展稳定、内政外交国防、治党治国治军各个领域各个方面，确保党始终总揽全局、协调各方。”❷党的领导是全面的、系统的、整体的。“全局”“各方”是指党的领导范围。党的领导必须体现到党和国家事业的方方面面。习近平总书记对此作了鲜明生动的阐述：“形象地说是‘众星捧月’，这个‘月’就是中国共产党。在国家治理体系的大棋局中，党中央是坐镇中军帐的‘帅’，车马炮各展其长，一盘棋大局分明。”❸“总揽”“协调”指的是党的领导方式。总揽不是包揽，协调不是代替，具体而言就是“把方向、

❶ 习近平．中国共产党领导是中国特色社会主义最本质的特征［J］．求是，2020（14）：7.
❷ 习近平．毫不动摇坚持和加强党的全面领导［J］．求是，2021（18）：9.
❸ 习近平．中国共产党领导是中国特色社会主义最本质的特征［J］．求是，2020（14）：8.

谋大局、定政策、促改革”。

2020 年 4 月 21 日，习近平总书记来到陕西省安康市平利县老县镇茶园考察脱贫攻坚情况。新华社记者捕捉到了“五级书记”同框的历史性画面。从党中央总书记到陕西省委书记、安康市委书记、平利县委书记、蒋家坪村党支部书记，同时出现在产业扶贫第一线，共抓扶贫。2012 年以来，习近平总书记亲自谋划、亲自部署、亲自指挥、亲自督战脱贫攻坚战。以习近平同志为核心的党中央总揽全局，协调各方力量，层层压实责任，兑现庄严承诺。这是中国打赢脱贫攻坚战的制胜密码。

三、坚持和加强党的全面领导的实践要求

坚持和加强党的全面领导，必须以自我革命的精神推进新时代党的自身建设，必须坚持和完善党的领导制度体系，做到自身建设和制度建设同向发力，确保党的领导更加坚强有力。

1. 加强党的自身建设是根本前提

在深化自我革命中锻造强大的党。党的十八大以来，针对党的领导弱化、虚化、淡化、边缘化、党的建设缺失、管党治党不力的问题，以习近平同志为核心的党中央把全面从严治党纳入“四个全面”战略布局，大力推进党风廉政建设和反腐败斗争，持之以恒正风肃纪惩贪反腐，以无禁区、全覆盖、零容忍的高压态势“打虎”“拍蝇”“猎狐”。从党的十八大到 2021 年 5 月，全国纪检监察机关共立案调查 408.9 万人，其中中管干部 453 人，共予以党纪政务处分 374.2 万人。[1] 经过坚决斗争，管党治党宽松软状况得到根本扭转，消除了党、国家、军队内部存在的严重隐患，党在革命性锻造中更加坚强。

加强党的自身建设是锻造坚强领导力的法宝。党的发展历史表明，什么时候我们党自身坚强有力，什么时候党和人民事业就能无往而不胜。党

[1] 中共中央宣传部．中国共产党的历史使命和行动价值［N］．人民日报，2021-08-27(01)．

的十九大报告提出新时代党的建设总要求，对推进新时代党的建设的伟大工程进行了顶层设计和战略部署。坚持党要管党、全面从严治党，是新时代党的建设的根本方针。加强党的长期执政能力建设、先进性和纯洁性建设，是新时代党的建设的工作主线。以党的政治建设为统领，以坚定理想信念宗旨为根基，以调动全党积极性、主动性、创造性为着力点，全面推进党的政治建设、思想建设、组织建设、作风建设、纪律建设，把制度建设贯穿其中，深入推进反腐败斗争，是新时代党的建设的总体布局。不断提高党的建设质量，把党建设成为始终走在时代前列、人民衷心拥护、勇于自我革命、经得起各种风浪考验、朝气蓬勃的马克思主义执政党，是新时代党的建设的根本目标。总要求构成了新时代党的建设科学有机的整体，为把党建设得更加坚强有力明确了工作方向、提供了基本遵循。

2. 坚持和完善党的领导制度体系是重要保障

习近平总书记强调："制度是关系党和国家事业发展的根本性、全局性、稳定性、长期性问题。"[1]坚持和加强党的全面领导需要有力的制度保障。党的十八大以来，以习近平同志为核心的党中央全面加强和改进党的领导，不断健全和完善党的领导的体制机制，形成了一套坚持和完善党的领导的制度规范和工作机制。党的十九届四中全会将党的领导制度明确为根本领导制度，主要涵盖了六个方面的制度：建立不忘初心、牢记使命的制度；完善坚定维护党中央权威和集中统一领导的各项制度；健全党的全面领导制度；健全为人民执政、靠人民执政的各项制度；健全提高党的执政能力和领导水平制度；完善全面从严治党制度。这六个方面的制度部署，彼此支撑，相互联系，共同构筑了党的领导制度体系大厦，既是历史经验特别是党的十八大以来实践经验的重要体现，也是顺应时代要求、实践发展的新的制度安排，是健全党的全面领导制度的根本遵循，是坚持和加强党对一切工作领导的根本制度保障。

---

[1] 习近平．在庆祝改革开放40周年大会上的讲话［M］// 习近平．习近平谈治国理政：第三卷．北京：外文出版社，2020：185.

总之，进行“坚持和加强党的全面领导”专题教学，需要在厘清教学逻辑的基础上，递进式剖析为什么新时代要坚持和加强党的全面领导、什么是坚持和加强党的全面领导、怎样坚持和加强党的全面领导，重点阐释“两个维护”的深刻内涵，帮助大学生透彻理解“两个维护”的极端重要性，不断增强做到“两个维护”的思想自觉、政治自觉、行动自觉。

对高校思政课案例教学的若干思考

——以“思想道德与法治”课程为例

罗道全*

摘　要　案例教学是高校思想政治理论课广大教师常用的教学方法，一直以来受到广大思想政治理论课教师的厚爱。案例教学有许多优点，如能很好地将较为枯燥的理论应用于鲜活的实际中，帮助学生更加准确灵活地理解这些教学知识点。不同的思政课案例教学各有其具体特点，本文以“思想道德与法治”课程为例，简要分析该课程案例教学的意义、特征、原则以及具体做法。

关键词　思政课案例教学　意义　特征　原则　做法

案例教学是高校思想政治理论课广大教师常用的教学方法，一直以来受到广大思想政治理论课教师的厚爱。案例教学就是采用一个或者数个案例引导学生参与解答问题、分析问题和解决问题的教学方法。高校思政课是立德树人的关键课程，目的是培养学生树立正确的世界观、人生观和价值观，引导大学生正确认识指导我们进行社会主义现代化建设的指导思想，坚定对中国特色社会主义道路和制度的信心。它既是思想教育，也是

* 罗道全，男，法学硕士，北京石油化工学院马克思主义学院教授，主要研究方向为道德与价值论、高校爱国主义教育。

政治教育，既关系眼前，又指向长远。所以它要求必须在有限的时间内把思想宏大深远、内容广博庞杂的东西有效地完成。这样，思政课教育内容的宏大性和抽象性特点就不可避免。案例教学就能很好地将较为枯燥的理论应用于鲜活的实际中，帮助学生更加准确灵活地理解这些教学知识点。不同的思政课案例教学各有其具体特点，本文以“思想道德与法治”课程为例，简要分析该课程案例教学的意义、特征、原则以及具体做法。

一、高校思政课案例教学的积极意义

案例教学是对传统的思政课教学的一种创新，它可以把抽象的理论用生动鲜活的具体事例呈现出来，以此来提升学生对理论的理解力和认同度，可以使学生参与到教学活动中来，激发学生学习的主动性。

1. 实现理论学习与时政关注的有机融合

培养学生学会运用马克思主义的立场、观点和方法去分析问题和解决问题，使学生做到“风声雨声读书声声声入耳，家事国事天下事事事关心”，是高校思政课要完成的任务。然而传统的教学模式，无法很好地完成这个任务，因为传统教学往往是灌输式的，教师更加注重理论的讲授，在理论与实践的有效融合上是欠缺的，案例教学解决了传统教学中存在的问题。我们在教学中运用的案例大多是时政热点问题，通过对教学案例的分析、思考，引导学生关注时事，使理论学习与时政关注有机融合。

2. 实现学生在教学活动中的角色转换

传统的教学模式中，学生在课堂教学中只是“配角”，其获取知识主要是靠教师的“灌输”，因此对学习缺乏应有的热情。与传统教学方式相比，案例教学使学生获得知识的方式发生了转变。案例教学是通过教师与学生共同参与教学过程，引导学生在了解案例、分析案例、总结提升案例的过程中学习理论，让学生成为课堂的“主角”，使学生在课堂教学中的主动学习意识被唤醒，让学生真正体验到学习的乐趣，学习由过去的被动接受变成主动思考、探寻，学生对学习知识的渴望被激发出来，学习的主动性增强了。

3. 更好地实现教材体系向教学体系的转化

案例教学是连接理论学习与时政关注的桥梁，是教材体系向教学体系转化的重要途径。在高校思政课教学中，所用教材是全国统一教材，具有很强的科学性和规范性，是教师实施课堂教学和学生学习的依据和遵循，而思政课的教学对象具有很强的差异性，这就要求教学体系具有多样性和灵活性。案例教学是整合教材体系和教学体系的有效方法，它既能突出理论学习，又能引入现实生活中的生动事例、社会热点，既有教师画龙点睛的讲解，又有学生的参与、思考、讨论，使思政课堂变得生动活泼。

二、高校思政课案例教学的特征

1. 明确的目的性

案例教学包含了思政课育人的总体目标，不仅提升了学生的马克思主义理论素养，运用马克思主义立场、观点、方法分析问题与解决问题的能力，树立正确的世界观、人生观、价值观与道德观，还通过一个或多个独特而又具有代表性的典型案例，让学生在案例的阅读、思考、分析、讨论中，逐渐形成科学、完整而又严密的逻辑思维方法和思考问题的方式，增强学生的实践意识、创新意识与批判精神，砥砺思想品质。

2. 学生的主体性

在教学观念上，案例教学强调教学过程是学生自我发现知识的过程，而不是教师灌输知识的过程。在整个案例教学的过程中，教师不再是主宰而是主导，从知识的占有者和传播者转变为学生学习的引导者、合作者、问题解决的启发者。学生由教学的客体变为主体，真正成为学习的主人，通过案例的阅读、思考、分析、讨论，发现案例中蕴含的理论知识、立场观点和解决问题的方式方法，从中受到思想教育、品德熏陶、人生启迪和能力提升。培养学生学习兴趣，激发学生学习激情，发挥学生的主观能动性，已经成为案例教学的关键环节。

3. 生动的直观性

案例是教师精心挑选的典型性事例，有特定的背景、具体的情境、动人的情节、鲜活的人物、曲折的过程以及预期的结果，很具故事性。案例的呈现，或是引人入胜的音频视频，或是绘声绘色的语言描述，让学生身临其境，在头脑中形成具体的感性认识，把枯燥的理论形象化，深奥的原理通俗化，使学生从大量的社会现象和事实中悟出为人处世的哲理。

4. 深邃的启发性

案例教学就是通过紧密结合教学内容的生动案例讲述，引导学生运用马克思主义基本立场和观点、基本原理和方法，对案例进行具体的研究和分析，形成个人完整的判断，从而提升独立思考、科学探究和解决问题的能力。从这个意义上说，启发性是案例教学的本质特征。在选择案例时，要注重寓意深刻的案例，不要提供完整答案，而是引导学生去发掘案例中的背景知识；在总结提高时，教师要提出一些延伸性的问题供学生去继续思考。

5. 突出的实践性

案例本身就是源于实践，或者是成功实践的正面案例，或者是失败实践的反面案例，皆是以大量感性材料支撑的。这些反映学生普遍关注的社会现实案例，反映当代大学生的思想、学习、生活实际的案例，能够吸引大学生的注意力，引发他们对解决社会问题和自我问题的思考，引导他们运用所学理论去分析研究，实现从感性认识到理性认识的飞跃，锻炼学生的逻辑思维、综合分析、精辟表达和解决实际问题的能力，达到自我完善的目的。

三、高校思政课案例教学的原则

1. 导向性原则

思政课案例教学与其他课程的案例教学相比，具有突出的个性特征，这种特殊性主要体现在其具有鲜明的意识形态性，是对大学生进行思想政治教育的主渠道和主阵地，承担着立德树人的根本任务。因此，在教学案例的选择过程中，首先需要坚持正确的导向性。一方面，要坚持正确的政治导向。应着重选择正面案例，力求弘扬主旋律，传播正能量；应选择那些能够让学生深刻理解马克思主义基本立场、观点和方法的案例；重点选择能让学生树立起正确的世界观、人生观、价值观的案例。另一方面，还要坚持正确的价值导向。在案例甄选过程中，应着重选择能反映社会主义核心价值观的案例，力求挑选体现以人为本、共享公正、爱国主义、集体主义等社会主义核心价值原则的案例，把是非善恶美丑的界限划清楚，通过案例教学让学生树立正确的价值观。总之，在选择案例时，一定要着眼于提升大学生的思想政治品质和道德法律素养，着眼于培养社会主义事业的合格建设者和可靠接班人这一政治任务。

2. 针对性原则

在思政课案例教学中，教师在选择案例时，不能闲庭信步，漫无目的，而是要始终做到有的放矢，具有明确的方向性和针对性。首先，要针对教学内容来选案例。从根本意义上来讲，教学案例是为教学内容服务的，只是教学的辅助工具，教学案例必须要与教学目标和内容有机融合，才有实际价值和意义。因此，教师一定针对教学内容中的重点、难点来选案例，并不是什么内容都需要案例教学，只有那些需要重点阐释的核心内容和学理性很强的难点，才是实施案例教学的主要场域，案例选择也主要集中在这些地方。其次，要针对学生实际来选案例。教师在选教学案例时，一定要细致分析学生的认知水平，切实遵循学生的认知规律，针对其思想困惑、关注的社会热点问题来选匹配的案例。最后，针对教师实际来选案例。教师是案例教学的主导者，对案例教学起着牵引作用。教师在选案例时，一定要依据自身的专业背景、兴趣爱好、社会阅历等实际情况，充分考虑各种困难和挑战，尽量选取那些自己熟悉的，比较能把握的案例，不宜选取自身难以驾驭的案例。

3. 典型性原则

客观物质世界是丰富多彩的，各种自然现象、社会现象、精神现象层出不穷，这为我们实施案例教学提供了丰厚的案例资源。加之思政课本身具有很强的涵括性和包容性，涉及的领域内容又十分广泛，与之关联的案例数不胜数。这就要求我们在选择教学案例时，决不能奉行拿来主义，而是要依据教学的重点、难点内容，精挑细选，优中选优，力求选出最具有代表性的案例，把深刻的概念、判断和基本原理等阐释清楚，达到举一反三、触类旁通的效果。同时，在挑选案例时，还应挑选一些具有典型示范和警示意义的正、反两方面的经典案例，在案例比较中，使教学的启示意义更加深刻，教学过程更具震撼性。

4. 真实性原则

客观真实性是教学案例的基本属性，对保障思政课案例教学的效果具有重要作用。教师在选择教学案例时，一定要坚持客观真实性原则，仔细审查案例中事件发生的时间、地点、人物、情节、结局等要素，是否符合客观实际和生活逻辑，尽量选取那些可信度高的案例。不宜选取那些道听途说、根本无法考证的案例，也不宜在原有的案例基础上改头换面、添油加醋，为吸引学生去虚构惊心动魄的情节，改变案例本身的味道，更不宜坐在办公椅上纯粹杜撰虚构各种故事案例。这些人为“制造”的案例，不仅起不到吸引学生、教育学生的目的，而且还会引起学生的强烈反感，降低教师和教授理论的可信度和权威。因此，教师在选择案例时，一定要实事求是，并尽量保持案例本身的原汁原味，这样，学生才会感觉真实可信，才会感兴趣。

5. 适度性原则

思政课案例教学，还须注意把握分寸，掌握火候，坚持适度性原则。首先，在选择案例的多少方面，并非越多越好，而是要突出一个“精”字，同类型案例选取一到两个最具代表性、最具启发意义的就可以了。其次，所选案例的大小、长短、难易等，也要讲究一个度。案例过大、过长、过难都会严重挤占教学时间，也会增加教师和学生理解研讨的难度；而案例过小、过短、过易又会使学生觉得嚼之无味，不过瘾，没有思考、讨论的空间，也会大大影响案例教学的效果。所以，对于案例的大小、长短、难易都需要仔细琢磨，把握好度。最后，对案例的具体使用也要把握好度。当前，有些教师片面认为案例使用越多越好，以至于节节有案例，课课讲案例，把案例教学弄成了故事会、评书会等，认为这样便能吸引学生的眼球。其实不然，案例过多，学生反而会被这种案中案搞得晕头转向，一学期下来，感觉没有什么实质性收获。其实，案例使用过度，不仅会大量挤压课程教学的时间，而且会影响学生对相关知识、原理的理解掌握，效果并不理想。所以，运用案例也有一个度，精要案例适宜用在引人入胜时，适宜用在阐释教学重点、难点的地方，这样才会详略得当，重点突出，教学效果才会好。

四、“思想道德与法治”课程案例教学改革的实践

1. 案例式教学法与问题式教学法相结合强化师生互动探讨

当代中国正处于转型时期，大学生由于受到文化多元化、价值观念多元化的冲击，加之特定的年龄，他们求知、求新、求异，容易偏激偏见。既关心国家和民族的前途，富有正义感、责任心，又容易受到多元价值取向和错误思想的影响，陷入困惑和迷惘。要破解这一困境，首要的任务就是把握时代脉搏，围绕学生所关注的热点焦点、难点问题，把抽象深奥的理论转化为鲜活的时代话题，这就需要借助于讨论式主体性教学。从“思想道德与法治”课程教学实践来看，工科院校大学生虽然相关理论知识相较综合性院校掌握不够，但他们的思维相当活跃，能够在课堂上积极发表自己的观点以及对事物有自己独特的看法，表现为富有灵感和较强的主观创新意识。

俄国生物学家巴甫洛夫说过，问题是科学探究的出发点，是开启任何一门科学的钥匙，没有问题就不会有解释问题和解决问题的思想、方法和知识。要使问题发挥最大的效用，前提在于案例教学情境的创设。譬如，我们在“思想道德与法治”课第二章“弘扬中国精神 共筑精神家园”涉及爱国主义相关理论的教学中，我们首先利用案例——“盖茨堡之役”为学

生创设了一个爱国主题的讨论情境。进而根据案例情境呈现问题："如何看待罗伯特·李将军的几次艰难选择，爱国还是叛国？"设置悬念，引导学生思考。进而引导学生进一步探寻思考"爱国主义是一种美德吗？""全球化背景下爱国主义过时了吗？"等问题。对于核心问题我们以辩论的形式来引导学生进行，比如"爱国主义应否提倡？"这一辩题就引发了学生的激烈讨论。面对激烈的争辩，教师引导学生独立思考，对各种观点辩证分析。对于认识模糊或者偏离主题的研讨，我们通过继续插入问题的方式来引导。如奥运会的中国夺金时刻你的感受是什么？当外媒报道中国游客大失礼仪时你又是什么感受？等等。力求让学生从多角度、多侧面、多层次去分析和探寻答案，在辩诘中明辨是非，坚定信念，进而完成知识的构建，形成价值的认同。

2. 案例教学与角色扮演相结合加强学生的主体作用

在"思想道德与法治"课程的教学实践中，工科大学生对理论兴趣较淡，重视感情教育，轻视或者反感理论说教。因此，我们在案例教学中结合了容易引发学生情感共鸣的角色扮演法。"角色扮演"是一种使人暂时置身于他人的社会位置，并按这一位置所要求的方式和态度行事，以增进人们对他人社会角色及自身原有角色的理解，从而更有效地履行自己角色的德育方法。"思想道德与法治"课程教学是一门生活化和实践性极强的学科教学。经典案例中的人和事大都可以从现实生活中找到原型。案例教学中采用"角色扮演"的做法可以为学生创设想象空间、竞争环境，使学生从特定角色出发，去发现问题、研究问题、解决问题，能促其进入创新情境，充分发挥其自主意识。学生以角色扮演的形式来展现人物的形象和内心活动，使学生体会到事件中人物的思想感情，深刻地领会到道德知识和道德情感，使自己从中能够感悟到应如何做人。

譬如，我们在"思想道德与法治"课第六章"学习宪法法律 建设法治体系"的教学中，为更好地探讨道德与法律的关系，以及道德问题能否用法律来解决，就运用了这一方法。我们在课前安排学生自己创作并表演情景剧"常回家看看！""老人跌倒扶不扶？""小悦悦的离去谁之过？"等，意在让学生通过“扮演他人角色”，在困惑和冲突的情境中对法律和道德的关系进行清晰的思考，对原有的自身行为进行深刻的反思和自我调整，改变对事态的看法，去发现作为社会人的相关法律责任以及道德承担，重新体验生活的价值和意义。

3. 案例教学结合实践教学加强学生自主体验

歌德曾说：“理论是灰色的，而生活之树常青。”把这句名言作为贬抑理论的口实固然失之偏谬，也是对歌德本意的误解，但就学生而言，接受“思想道德与法治”课程这类“更高地悬浮于空中的思想领域”（恩格斯语）的基础理论课程时，不免时不时有“灰”的感受。因此，要变理论的“灰色”（这里的“灰色”主要指理论的抽象性及其思辨色彩）为理论课的“绿色”，一个重要的途径就是开展实践性教学，引导学生坚持理论联系实际，通过加强学生的自主体验，将灰色理论转为他们生命的需要。在多年来的教学改革和实践探索中，我们逐渐构建起了三个主要实践渠道。

（1）网络实践教学。传播社会主义核心价值观是“思想道德与法治”课程承载的重要使命之一。为完成这一使命，我们正视互联网崛起引发的价值观传播手段和形式的颠覆性变化。我们将网络现象纳入教学过程，成为解析对象。在这个过程中，我们将网络事件案例化，引导学生“条分缕析”进行课内实践，同时鼓励学生自主选择“网事”作为课题，展开课外实践。作为虚拟实践活动结果，最终成果也将以虚拟的形式呈现，而不再一律是纸质化的作业，具体样式完全应该依据学生的兴趣取向、虚拟能力的不同而充满个性化色彩。学生既可以制作精美的幻灯片，也可以进行网站设计、制作网页、定制电子书或电子报，还可以制作视频等。既契合“00后”大学生的审美趣味，又体现了“思想道德与法治”课程教学与计算机技术、网络技术的有机结合。

（2）校外实践基地建设。我们在密云水库展示展览中心建立了思政课校外实践教学基地，与中国电影博物馆、中国好人网、大兴区检察院、大兴区法院、大兴区志愿服务联合会等开展合作，引导学生深入体验习近平新时代中国特色社会主义思想在京华大地的生动实践，打造“沉浸式”思政课堂。我们每年都会组织学生去大兴区人民法院旁听庭审，在此过程中，学生真真切切地感受法律的实施，同时，学生还参与法院组织的有关法律的宣传活动，发放传单、法律咨询等。这些活动在潜移默化中培养了学生的法治观念和法律思维模式，提升了其法律素养。

（3）志愿服务。每年暑期我们与中国好人网联合组织“帮好人万里行”志愿服务活动，全校先后有200多名学生直接参与，受益的学生达到1万多人次，参加“帮好人万里行”的同学们实地调研好人好事、宣传好人好事，帮助有困难的好人。这一活动培养了学生的家国情怀和责任意识，提高了道德修养和精神境界，增强了集体观念和团队意识。同时，我们还结合教学内容就近选择社区、敬老院、医院等的服务点，组织学生利用课余时间去做志愿者，帮助孤寡老人、维护社区秩序、保护社会环境等，将志愿服务计入“思想道德与法治”课程实践教学的必做项目，计入课程成绩。鼓励学生多参与服务活动，既可以锻炼学生动手动脑的能力，又能为社会作贡献。

苏格拉底“精神助产术”在“思想道德与法治”教学中的应用[*]

初景波[**]

摘　要　“思想道德与法治”承载着培养大学生建立马克思主义的人生观、价值观、道德观、法治观的立德树人任务，这一特点决定了其教学活动不能止于讲授和灌输，还要注重引导与启发，帮助学生主动学习和思考，在自己内心建立起科学的人生意义、价值观念、道德意识与法治思维。苏格拉底的“精神助产术”契合“思想道德与法治”的教学目标，有助于课堂研讨互动，还可以培养学生的逻辑思维水平与自主学习能力，切实提升课程教学效果。

关键词　精神助产术　思想道德与法治

一、“精神助产术”与“思想道德与法治”课程的契合性

“思想道德与法治”是高校思想政治理论课的开门之课，是帮助大学生从稚嫩逐渐走向成熟，最终成为积极、健康、善良、理性的良好公民的

---

*　本文系北京石油化工学院教育教学改革与研究项目“‘精神助产术’模式的思修课教学改革——基于‘以学生为中心’的改革理念”（项目编号：YB20170601）的结项成果，曾发表于《北京教育（高教版）》2022 年第 8 期，收入本书时略有修改。

**　初景波，男，哲学（宗教学）博士，北京石油化工学院马克思主义学院讲师，主要研究方向为中华优秀传统文化与德育。

素质养成过程，其需要知、情、意三者的共同介入，在理解的基础上产生认同，在认同的基础上形成观念，在观念的基础上付诸实践，并保持长久的稳定性。

上述性质决定了该课程不能止于宣讲与灌输，而应该围绕价值观念、道德意识与法治思维的养成这一根本学习目的与预期效果，充分调动一切积极因素和有效形式。“以学生为中心”的教学改革理念倡导传统教学转向以学生发展为中心、以学生学习为中心、以学习效果为中心[1]，强调学生的主动学习、自我建构，强调学生的主体性、实践性、参与性、社会性，这与思政课“入耳、入脑、入心”的要求不谋而合。

将“以学生为中心”的教学理念应用到思想道德的领域，恰与一个古老的方法异曲同工，那就是古希腊大哲学家苏格拉底著名的“精神助产术”。苏格拉底认为“德性即知识”，主张通过“精神助产术”帮助对象自己形成关于美德的知识。而“思想道德与法治”课也有相同的需求，也是在教师的引导下，学生在自己心中建立起道德观念。

作为德育教师，把自己定位为精神上的助产者是比较合适的。对此，刘刚认为：“苏格拉底运用了对话式的‘助产术’教育法，这种用于启发人德性的教育方法不同于探求自然物理时的求知方法。苏格拉底将‘人是什么’的哲学问题与‘德性即知识’价值原则相贯通，在把不断追求‘善’，‘爱智慧’作为人本质属性的前提下，‘助产术’式的对话教育成为引导青年认识并成就德性的道德教化手段。‘助产术’教育原则与苏格拉底的教育哲学——以‘人是什么’为根本问题的道德教育相表里，这种教育手段的最终目的不是教导人成为某种人，亦不是将某种具体知识传授给求教者为终极教育目标，而只是通过对话与启发式的引导去开启人们循着‘爱智慧’的德性，通过自我破获困惑从而获得对自我、人生乃至人的本质的理性思考的品质。”[2]杨现勇也认为：“‘精神助产术’不是一种单纯的

---

❶ 赵炬明．论新三中心：概念与历史［J］．高等工程教育研究，2016（3）：35-56.

❷ 刘刚．苏格拉底人类学哲学对大学素质教育的现代意义：兼从抵制教育低俗之风说起［J］．延边大学学报（社会科学版），2012（4）：47.

道德教育的方法，而是集哲学思想、教育理念、德育目标和实现手段于一体的德育活动范式。对苏格拉底‘精神助产术’作范式化解读，能够深刻理解‘精神助产术’的建构逻辑，准确把握其全部内涵，对于当代德育的发展也具有现实意义。”❶

二、苏格拉底“精神助产术”的实践操作

众所周知，苏格拉底把古希腊哲学的研究关切从世界本源拉回人本身，主张“认识你自己”，而认识人本身本质上就是认识人的美德。他的哲学辩难、知识探究都围绕着一个对象：美德。苏格拉底从不采用教训、诫命之类的方法直接灌输关于美德的知识，他给自己的定位是知识的助产婆：“我的助产术与她们的助产术大致相似。不同的是，我实施的对象是男人而不是女人；我关心的不是处在分娩剧痛中的身体，而是灵魂。我的技艺最高明的地方就是通过各种考查，证明一位青年的思想产物是一个虚假的怪胎，还是包含生命和真理的直觉。”❷

具体来说，苏格拉底的“精神助产术”就是在讨论中通过反讽、归纳、诱导和定义这样四个环节来帮助别人自己生成正确的观念，获得对于某种美德的理解。“反讽”是“精神助产术”的开始，意即通过反对的方法使讨论者认识到自己的思维方式或所持观点中所包含的错误，在这一步骤里关键性工作是举出反例、进行反证等。当通过“反讽”有效地实现了使讨论者放弃原有想法、“自知自己无知”后，则进入“归纳”环节。“归纳”就是将“反讽”过程中的种种讨论情况进行总结，使讨论不陷入重复或停滞，朝着周延性、整体性和普遍性的方向进行。当具备了足够的归纳之后，就进入“诱导”环节。“诱导”就是引导、启发讨论者在归纳的基础上说出自己的认识，进而对这个认识进行评判。经过上述环节的准备，

---

❶ 杨现勇．论苏格拉底的德育范式及其当代德育意义［J］．思想政治教育研究，2010(4)：120.

❷ 柏拉图．泰阿泰德篇［M］//柏拉图．柏拉图全集：第二卷．王晓朝，译．北京：人民出版社，2017：662.

最终达到“定义”。苏格拉底对美德的讨论最终是要获得一个关于美德或者某种美德的概念性认识，即定义。

三、“精神助产术”在“思想道德与法治”教学中的应用

“精神助产术”应用于“思想道德与法治”课程的教学中，可以有狭义和广义两种思路。

1.狭义的应用：课堂研讨互动的有效模式

狭义上的应用思路，就是在研讨各种概念和问题的时候直接使用这种讨论模式。例如，在讲授如何汲取中华传统道德中的精华这一问题时，笔者首先就这样一个问题展开讨论：“中华传统道德非常强调‘三纲五常’，那么‘三纲五常’的道德规条在今天是否还适用呢?”一位男生笼统地回答：“在今天也都是有效的。”笔者进一步追问：“君为臣纲，今天连君主都没有了，这条还有效吗?”学生修改了原有观点，承认无效。笔者继续追问：“那么父为子纲呢？你跟父亲的关系是这样的吗?”学生笑答好像也不是这样的了，随着年龄增长自己有了一定的自主权，会认真参考家长的意见，家长也比较尊重自己的决定。笔者最后问到“夫为妻纲”，众位男生起哄般地说这一条好。这个回答激起了在座女生的不满，一位女生站起来说：“都什么年代了，男女早已平等，还谈什么夫为妻纲!”话音未落，一位男生非常机智地反问：“既然男女平等，那为什么谈婚论嫁的时候要求男方交彩礼、买房子?”男生鼓掌叫好。发言的女生沉默了一会儿，憋出一句话：“不是我这样要求，是我妈这样要求。”全班哄堂大笑。

此时，笔者又请同学们简单谈了一下在现实意义中如何确保男女平等。最后，请同学们总结自己对“三纲五常”的当代价值的认识，同学们基本认为“五常”在今天仍然非常重要，人还是要讲仁、义、礼、智、信；“三纲”则不仅不需要，而且还要警惕其对人人平等的损害。

2. 广义的应用：学生反思、研学能力的形成

广义上的应用就是帮助学生建立起一种应用“精神助产术”的自觉意识，要求学生能够形成一种自我反思的能力，不囿于自己的主观成见和固定思维，将相对理性和严谨的思考方式付诸学习活动中，从而获得知识和观念上的更新进步，使其拥有自主学习和研究性学习的方法。与中学相比，大学的学习模式要求有更多的研究性成分，帮助学生掌握基本的研究方法、建立基本的研究思路，这是“授人以渔”的体现。研究式学习可以有效提高学生综合知识的能力、解决问题的能力，激发和培养学生的创造性思维。

在教师的指导下，学生通过自己主动性的研究活动，自己分析比较、总结归纳、去伪存真，然后自己生成正确的观念，这远胜于单纯接受来自教师的灌输。在本课程中，研究的问题可以分成两类：一是理论性问题，如人的本质、社会主义核心价值观等；二是现实性问题，如职业道德、公共道德面临的一些困境与挑战等。笔者一般会采取分组、分方向的方式，组织学生运用“精神助产术”的模式进行研讨。

例如讨论人的本质问题，笔者要学生分组研讨，每个小组内部成员须分别从哲学、宗教学、现代自然科学、社会学四个角度进行研讨，然后小组代表带着小组意见在全班展开讨论甚或相互辩难，最后教师进行归纳、引导，得到最后的结论。在这样的过程中，学生可以全过程自觉使用“精神助产术”的研讨模式，久而久之，便使“精神助产术”成为学生学习和思考中的自觉意识。

讨论辩难是苏格拉底“精神助产术”的主要形式，中国的百家争鸣、佛教的辩经、法庭上控辩双方的辩论，都是以辩难为主要形式，这绝非偶然。辩难可以调动参与者的主动性与思维的活跃性，同时也是发现自身观念与理论的缺点的高效方法，在辩难过程中我们可以不断补足、完善、深化、发展我们的观念和理论，同时也会加强我们对自己所持观念与理论的熟知与运用，促成观念与行动的知行合一。此外，辩难还可以训练学生的反应能力、语言组织和逻辑水平。在本课程的教学中，诸如人性本善还是

人性本恶、爱有差等还是爱无差等问题，都非常适合通过辩难的形式提高教学效果。当然，这也考验教师最后的总结能力与引导能力。

3. 增强应用实效的两个手段

（1）重拾阅读。任何的思考和讨论，都要有一定的知识基础，没有相应基础知识的讨论是无效的。因此，使学生重拾阅读，是一项基础性的工作。阅读似乎不是一个新方法，甚至仿佛是老调重弹。事实上，现在的大学生中大多数人已经很少阅读，甚至已经失去阅读的能力，而阅读实在是人文学科最基础不过、最必要不过的第一个手段，还是要有一定的阅读量，形成起码的知识储备，后续工作才能在此基础上展开。根据以往的经验，为了重拾阅读，笔者通过以下几点来加以驱动。一是提供一些视频、文章作为预习内容，课前预习，课上抢答，答对加分；二是每次课堂讨论后，选择 1—2 名发言最好的学生，赠书作为奖品；三是精选开列一些书单，要求至少任选一本阅读，写读书心得；四是强调问题式阅读、研究性阅读，即围绕一个有争议性或者趣味性的问题展开阅读，以备课堂讨论，例如“故宫三大殿为什么都以‘和’字命名”“怎样解释‘忒修斯之船’”等问题。事实证明，上述方法在一定程度上会提高相当数量学生的阅读积极性。

（2）网络研讨。诸多互联网教学平台的诞生，弥补了课堂讨论的有限性，对提升这一讨论模式的效果大有裨益。在课堂面授中，这种讨论与追问模式的参与度、覆盖面有时不尽如人意，而作为互联网的“原住民”，虚拟性的网络平台反而让学生更放松，使他们更敢于提问、乐于表达。没有思考或参与讨论问题质量不高的学生会感到自愧不如并奋起直追。因而，此后即便在课堂面授时，笔者也有意采用网络平台以提高学生参与度，力争让每一名学生都发言，教师可以在全面掌握整体情况后有选择、有针对性地进行“反讽”和“诱导”，学生也可以从其他同学的众多发言中了解到自己思考的不足，为“归纳”提供丰富的资源。在每一次专题结束后，笔者还要求学生在网络平台总结、归纳、发表自己的学习收获。学生的自我总结环节非常必要，只有经过学生自己的反省内化，才能够真正融入其价值观念之中。此外，还可以在网络平台设置学生提问区，要求每一名学生都提出问题和疑惑，以便教师收集学生问题、集中答疑反馈。总而言之，对网络手段的善加利用，可以使“精神助产术”覆盖到全体学生，从而提高教学实效。

四、效果和不足

近年来，笔者将苏格拉底“精神助产术”的方法融入“思想道德与法治”课程的教学实践，使该课程的教学效果有了明显提升。

一是学生的课堂抬头率显著提高。富有思辨趣味或争议性的话题，追问、辩难的讨论方式，激发了学生的听课兴趣，使其放下手机、合上作业，在教师的引导下主动思考，积极开展有效讨论，课堂氛围从沉闷趋于活跃。

二是学生的思维水平与表达能力得到很好的锻炼。大多数学生第一次讨论时思维分散、逻辑混乱、表达不清，随着讨论次数的增加，逐渐变得思维聚焦、逻辑严谨、表达清晰，有的学生甚至提出了很有见地的观点想法，受到肯定，因此也变得更加自信，从羞于发言变为乐于发言。

三是学生的学习获得提升。从学习成绩来看，2018—2021 年，学生期末闭卷考试成绩平均提高约 25%，总评成绩平均提高约 8%。从学生提交的学习心得与体会来看，很多学生表示喜欢参与这种生动活泼的课堂教学活动，学生自己的学习心得也归纳得很好。

可见苏格拉底“精神助产术”的方法在一定程度上符合大学生的认知特点，契合“思想道德与法治”课程的教学需求。通过在教学过程中不断深化和完善，并与其他教学方法融会贯通、灵活运用，能够在思想政治理论课教学中发挥积极的作用。

当然，在教学中单独使用“精神助产术”这一种方法是远远不够的，整个思想政治理论课的教学过程需要根据内容和目标进行全面设计及教学方法的综合施用，“精神助产术”可作为其中一环。尤其值得注意的是，在为了追求较好的研讨深度和广度的情况下，这种方法在课堂上可能要花费不少的时间，这要求教学内容就不能面面俱到。因此，这一方法至少需要与专题化教学法相结合，后者在兼顾教学重点难点的基础上，对教学内容进行专题化处理，可以起到聚焦主题、事半功倍的效果。

问题引导法在高校“思想道德与法治”课教学中的运用研究*

冷文勇**

摘　要　问题引导法坚持问题导向，倡导学生提问、答问，是行之有效的教学方法，有利于激发大学生的学习兴趣，有利于发挥大学生的主体作用，有利于培养大学生的创新精神。在高校“思想道德与法治”课教学中实施运用问题引导法需要做到：问题内容科学合理、设问方式精巧新颖、充分发挥大学生的主体作用和建立完善的评价机制。

关键词　问题引导法　思想道德与法治　教学　运用

作为高校落实立德树人根本任务的关键课程，高校思想政治理论课要想回答好时代之问，解决好学生的思想疑问，就要求思政课教师在提问、答问中丰富学生知识、砥砺学生品行、坚定学生信仰。2019年3月，习近平总书记在学校思想政治理论课教师座谈会上强调，要坚持灌输性和启发性相统一，注重启发性教育，引导学生发现问题、分析问题、思考问题，在

---

*　本文系北京石油化工学院教学改革和研究项目“高校‘思修与法基’课问题导入式教学模式研究”（项目编号：YB20180107）的研究成果。

**　冷文勇，法学博士，北京石油化工学院马克思主义学院副教授，研究方向为高校思想政治教育。

不断启发中让学生水到渠成得出结论。[1]作为高校思想政治理论课系列中的第一门课程，“思想道德与法治”是帮助大学生树立正确的世界观、人生观、价值观，引导大学生不断提高思想道德素质和法治素质的课程。因与中学政治课内容有一定的重复性、内容跨度大等特点，当前高校“思想道德与法治”课的教学实效受到了一定的影响。这就要求我们必须因势利导、因材施教，坚持以问题为导向，坚持以教师为主导，坚持以学生为主体，积极探索实施问题引导法。

一、问题引导法的由来和内涵

问题是思维产生的源泉，是推动社会发展的引擎，正如马克思所说，问题就是公开的、无畏的、左右一切个人的时代声音[2]，人类社会就是在提出问题、分析问题、解决问题的历史循环中前进的，于是，关于如何利用问题开展教育的研究一直深受国内外学者的高度关注，问题引导法就是此方面的研究成果之一。关于问题引导法的研究在国内外有着很长的历史。在国外，两千多年前古希腊哲学家苏格拉底就认为一切知识均从疑难中产生。20 世纪 60 年代，苏联教育家马赫穆托夫提出了“问题式教学”，主张教师通过创设问题情境激发学生发掘、探究和解决问题的意识。在我国，两千多年前孔子就提出“不愤不启，不悱不发”的观点，主张学思并重，采取启发诱导教学。近现代著名教育家陶行知认为“发明千千万，起点是一问”，主张培养学生的问题意识。上述思想为问题引导教学法提供了充分的思想基础和理论依据。

顾名思义，问题引导法是指在课堂教学中遵循问题导向，基于教材的重点难点、学生的思想疑点和社会的热点，通过设置问题、提出问题、分

---

[1] 习近平主持召开学校思想政治理论课教师座谈会强调：用新时代中国特色社会主义思想铸魂育人 贯彻党的教育方针落实立德树人根本任务［N］. 人民日报，2019-03-19（1）.

[2] 中共中央马克思恩格斯列宁斯大林著作编译局 . 马克思恩格斯全集：第 40 卷［M］. 北京：人民出版社，1982：289-290.

析问题等环节激发学生思考的教学方式。与传统的灌输式教学方式相比，问题引导教学法有以下两个特点：一是以问题为导向，将知识点有机融入问题中，让学生在思考问题中掌握知识、提升能力和坚定信仰；二是坚持以教师为主导、以学生为主体，尊重学生的主体地位，重视师生互动，鼓励学生积极提出问题、回答问题和反思问题。

“思想道德与法治”课程承担着培养大学生做人的基本素质（如理想信念、创新精神、法治意识、道德品质和心理素质等）的任务，其主要目标之一就是培养大学生的创新精神和创新能力，培养大学生正确解决成长过程中面临的思想道德和法律问题的能力，因此，“思想道德与法治”课的教学内容与问题引导教学法有一定的契合性，两者统一于大学生素质能力的提升。

二、高校“思想道德与法治”课教学运用问题引导法的意义

一堂高质量的思政课不能没有问题，好的问题好比思政课的“料”，往往能成为学生乐于品尝的“味”，能在一定程度上提升思政课的针对性、吸引力和实效性。具体来说，在高校“思想道德与法治”课程教学中实施问题引导法具有以下意义。

首先，问题引导法是激发大学生学习兴趣的有效手段。兴趣是学习的重要动力，有了兴趣，学生就会主动学习，学习也将变得相对轻松且有成效。教学效果如何在很大程度上取决于教师能否激发学生的学习兴趣，一些思政课课堂上之所以出现“台上滔滔不绝，台下浑然不觉”的现象，一个很重要的原因就是教师未能调动学生的学习兴趣，未能激发学生的学习动机。问题引导教学法将“问题”贯穿始终，使所有学生有机会主动或被动地提出问题、回答问题，使学生产生思维紧张感和精神压力，有了追求回答好问题的动机，从而激发学生提出问题、回答问题的兴趣，尤其是学生的疑惑得到解答或学生的答问得到肯定会进一步强化学生的学习兴趣。

其次，问题引导法是尊重大学生主体作用的生动体现。学生是学习、认识和发展的主体，尊重学生的主体地位是现代教育的基本要求和显著特征。习近平总书记强调，办好思政课要坚持主导性和主体性相统一，在坚持教师的主导性的同时，加大对学生的认知规律和接受特点的研究，发挥学生主体性作用。[1]问题引导教学法倡导建立民主、平等的师生关系和营造和谐的师生互动课堂氛围，在教学过程中鼓励学生大胆提出问题、分析问题和评析问题，鼓励学生提出思想疑惑和理论难点，有利于唤醒学生的主体意识，有利于激发学生的潜能，有利于调动学生学习的积极性和主动性，使学生在完成学习任务的同时获得愉快的情感体验。

最后，问题引导法是培养大学生创新精神的有效途径。创新是一个民族进步的灵魂，也是一个国家不断发达的强大动力。具备一定的创新能力是新时代对广大青年学生提出的新要求。问题是创新的起点，是激发人们发挥主观能动性和创造性的重要引擎，在社会发展进程中，许多新情况、新问题需要人类通过创新来解决。因此，作为人才培养高地和创新策源地，高校必须重视培养创新型人才。问题引导教学法以问题为核心，教师倡导学生质疑，创设问题情境，提出有一定难度的问题，让学生在深入思考后提出问题、解决问题，从而有利于培养学生发现问题和思考问题的习惯，有利于培养学生的创新精神和创新能力。

三、高校“思想道德与法治”课运用问题引导法的教学设计思考

问题引导法对思政课教师的素质提出了更高要求，不但要求教师能设计一些思辨性、学理性和吸引力较高的问题，还要求思政课教师有较强的课堂驾驭能力，能回答好学生的各类问题，更倒逼教师加强学习、注重研

---

[1] 习近平主持召开学校思想政治理论课教师座谈会强调：用新时代中国特色社会主义思想铸魂育人 贯彻党的教育方针落实立德树人根本任务［N］. 人民日报，2019-03-19（1）.

究，精心做好教学设计。教师在运用问题引导法进行教学设计时，需要注意以下几个问题。

1. 问题内容要科学合理

设置问题是实施问题引导式教学的首要环节，问题内容是否科学合理是决定问题引导法能否成功实施的关键。问题内容要符合以下三个方面要求。

一是问题要紧密结合教材。教材是开展教学的根本依据，思政课教师必须深耕教材，围绕教学大纲，紧扣教材重点难点设置问题，突出“思想道德与法治”课的意识形态属性，绝不可天马行空，不能随意游离于教材之外，不能为博学生眼球而哗众取宠，提出一些与教材毫无关系的内容。比如，在讲授第二章中的“什么是理想信念”时，要讲清楚“理想信念的内涵及重要性”“青年学生应该树立怎样的理想信念”“青年学生应该怎样努力去实现自己的理想”等问题，而不能偏离了教材内容。

二是问题内容一定要真实。这里的“真实”是指问题有科学的理论基础，具有一定的设问价值，是“真问题”，而不是没有意义、不符合逻辑、无法断定真假或预设基础不成立的“伪命题”。“伪命题”不但让学生无法回答，浪费宝贵的课堂时间，还可能误导学生。比如，在讲授第六章中的“坚持全面依法治国”时，不能和学生讨论“党大还是法大”的问题。当然，可以直接指出该问题的荒谬之处，这是一个伪命题，问题立论就不成立，因为党是个政治组织，法是规范体系，两者属于不同的范畴，不具备可比性。

三是问题要有思辨性。好的问题一定有思辨性，一定能引发学生思考，能考查学生的认知水平，能让学生进行多角度思考、多因素分析和多方法解决，从而能培养学生的发散性思维和创新能力。因此，不宜设置类似“对不对”“是不是”的封闭式问题，更不宜“无疑而问，无难可疑”，设置教材中有现成答案或者学生在秒动百度就能找到答案的问题。要多设置“学生心中有、学生口中无”的问题，比如，在讲授第二章中的“增强对马克思主义、共产主义的信仰”时，提出问题：“有宗教信仰的青年学生能否申请入党？”“组织上入党是否等同于思想上入党？”

2. 设问方式要精巧新颖

提问是一种技巧，更是一门艺术，问得好才能答得好，问得妙才能点燃学生的思想火花，才能吸引学生积极答问，可从以下三个方面让设问精巧新颖。

一是注意形成问题链。问题链是指根据教材知识点之间内在逻辑关系，按照由易到难、由浅到深的思路，精心创设若干个问题，问题之间环环相扣，层层递进，能不断激发学生的兴趣，有助于形成紧凑的教学节奏，让学生较长时间保持好奇心和求知欲，让学生积极自觉领悟，深切感悟“思想道德与法治”课的理论魅力，最终实现学生的知识拓展和情感升华。比如，在讲授第一章中的“正确的人生观”时，可设置以下几个层层递进的问题：“人为什么要活着？”—“怎样活着才有意义？”—“你的人生目标是什么？”—“为实现人生目标，你打算怎样度过大学生活？”通过这样的问题链不断引导学生对人生价值进行思考。

二是设问形式要精巧新颖。不同的发问方式会对学生态度、思想产生不同的效果，精巧新颖的设问方式能给予学生足够的挑战，能激发学生强烈的思考欲望。教师的设问要尽量有代入感，要注重创设问题情境。比如，在讲授第六章中的“培养社会主义法治思维”时，提出问题：“假如在全国英语四级、六级考试开考前夕，有人找到英语六级成绩超 600 分的你，出价 1000 元请你给人替考，你会答应吗？如果不答应的话，出价 5000 元、10000 元、50000 元呢？”此外，要注意创新答问形式，可考虑让学生用标语口号、书信等形式回答问题。比如，在讲授第三章中的“实现中国梦必须弘扬中国精神”时，提问：“假设让你给一位革命先烈写一封跨越时空的信，你会写给谁？为什么？”通过这样的情景式的设问增进学生对革命历史的理解，引导学生赓续红色基因。

三是设问要有针对性。增强针对性是办好思政课的内在要求，从一定意义上说，高校思政课是一个解疑释惑的过程，教师除了要备教材，更要重视备学生，要通过调查等途径了解学生的思想困惑和关注的社会焦点，要用心用力用情帮助学生厘清模糊认识、消除思想困惑、增强“四个自信”。此外，还要全面分析把握学情，了解学生的专业背景、学科特点、生源等情况，针对不同授课对象预设不同的问题。例如，在讲授第二章中的“为实现中国梦注入青春力量”时，针对体育专业的学生设问：“你打算怎样为建设体育强国作出自己的贡献?”针对环境工程专业的学生则可设问：“你打算怎样为建设美丽中国作出自己的贡献?”这样既有利于学生答得出、答得好，更有利于培养学生的家国情怀。

3. 充分发挥学生的主体作用

传统的教学方式是以教师作为教学主体，不重视师生之间的互动交流，忽略了学生的主体地位，其结果是教师口干舌燥，学生昏昏欲睡。在实施问题引导法时，可通过以下途径调动学生的主体性。

一是鼓励学生积极提问。提问能力是批判性思维和创造能力的重要体现，是否具有提问能力是判断一个人能否成为优秀人才的重要标准。教学是师生之间的平等对话，设问不能是教师的“特权”，教师要注重学生提问、设问，真正做到“教学相长”，要通过多种途径为学生提问创造条件，注意课前了解学生的思想困惑和关心的理论问题。比如，在开课之前，教师可通过云班课、学堂云等平台软件，在学生中开展“对照教材内容，你最想搞清楚的问题有哪些?”的调查，也可以在有关线上平台开设提问区，鼓励学生随时提问，然后汇总提炼出学生共同感兴趣的问题，再开展针对性的教学。

二是引导学生积极答问。学生的问题意识和答问能力不会自发形成，其与教师的教学能力密切相关。在问题引导法教学过程中，思政课教师要善于创设宽松平和的讨论环境，循循善诱，鼓励学生放下思想包袱积极提问、答问。思政课教师要善于敏锐发掘所有学生的长处，鼓励学生积极提出集思想性、科学性、知识性、针对性、思辨性于一体的新观点。当学生提出不当甚至偏激的言论时，教师要及时批判纠正和正确引导，不能随意“扣帽子”。当学生“无言以对”时要予以及时鼓励和适当引导，避免冷场和尴尬。还要注意鼓励很少答问甚至从未答问的同学，帮助他们逐渐树立自信心。还可以鼓励学生以小组的形式提问、答问，这样既可以实现资源共享，又能提升学生的团队意识。

4. 建立完善的评价机制

传统的思政课考核方式以期末闭卷考试成绩为主，忽视学生的学习过程，不利于培养学生的创新能力和解决问题的能力。在高校“思想道德与法治”课教学中实施问题引导教学法需要从以下两个方面建立完善的评价机制。

一是将学生平时表现纳入总评成绩。学生在问题引导教学实施中的表现是学习态度、学习投入和学习能力的重要体现。构建凸显过程性的考核评价体系，加大平时表现在总评成绩中的权重，将学生在问题引导教学过程中的表现纳入学生总评成绩评定体系，提升教学评价的客观性与全面性，对于调动学生的学习兴趣和学习动机、优化课堂纪律具有重要意义。因此，要完善关于学生在“思想道德与法治”课问题引导教学中表现的评价体系，制定有关学生提问、答问的数量和水平的量化标准，确定其在学生总评成绩中的权重，从而提升学生学习的持续性与主动性。

二是让学生参与成绩评价。传统教学评价的主体往往仅限于教师。为激发学生的主体性，促进学生不断反思自己，进一步提升问题引导法的实效，可考虑实行学生成绩评价主体多元化，让学生成为评价的主体，采取学生自评以及学生互评的方式，让学生利用云班课的点赞、投票、评分功能互评作业。比如，设置“给你最喜欢的 5 份作业点赞”的互动环节，开展“我最喜欢的学生作业”投票活动，让学生在互学互评中提升评鉴能力和加深对知识的掌握。

习近平总书记指出，办好思政课关键在教师，推动思想政治理论课改革创新，不断增强思政课的思想性、理论性和亲和力、针对性。[1]这为高校思政课建设提供了根本遵循和行动指南。在高校“思想道德与法治”课教学中运用问题引导法是新时代高校思政课教学改革的有效途径之一，既

---

[1] 习近平．思政课是落实立德树人根本任务的关键课程［J］．求是，2020（17）：4.

有利于师生互动，调动学生学习的主动性、积极性，更有利于引导学生对学习内容的深度学习和思考，有利于学生往深里学、往心里学、往实里学，从而提高教学的针对性和实效性，值得深入研究和探索实施。

对分课堂理论在“思想道德修养与法律基础”教学中的改进和应用*

张利敏　吴爱萍**

摘　要　“思想道德修养与法律基础”教学过程中，存在教师输出信息多与学生接收信息少、主流意识形态与学生认知层次难以统一、学生存在知行不一致、注意力不集中、抬头率低等实际困境，对分课堂理论在学生知识内化和输出方面具有显著的针对性，笔者将对分课堂理论运用在“思想道德修养与法律基础”教学中，增加了分享回归的环节，能够初步解决以上几个突出问题，具有较好效果。

关键词　对分课堂　思想道德修养与法律基础　分享回归

思想政治理论课在高校承担着对大学生进行系统的马克思主义理论教育的任务，是巩固马克思主义在高校意识形态领域指导地位、坚持社会主义办学方向的重要阵地，是全面贯彻党的教育方针、落实立德树人根本任务的主干渠道和核心课程，是加强和改进高校思想政治工作、实现高等教

---

*　本文曾发表于《当代教育实践与教学研究（电子刊）》2020 年第 24 期，收入本书时略有修改。

**　张利敏，女，硕士研究生，北京石油化工学院致远学院高级政工师，研究方向为思想政治教育及高校党建。吴爱萍，女，副教授，法学博士，北京石油化工学院马克思主义学院副教授，研究方向为思想政治教育和马克思主义中国化。

育内涵式发展的灵魂课程。然而，作为思想政治理论课的重要组成部分，“思想道德修养与法律基础”课程在教学过程中面临很多困境。

一、“思想道德修养与法律基础”教学困境

“思想道德修养与法律基础”是大学本科生必修的思想政治理论课。本课程以马克思主义为指导，以习近平新时代中国特色社会主义思想为价值取向，以正确的世界观、人生观、价值观和道德观、法制观教育为主要内容，把社会主义核心价值观贯穿教学的全过程，通过理论学习和实践体验，帮助学生形成崇高的理想信念，弘扬伟大的爱国精神，确立正确的人生观和价值观，加强思想品德修养，增强学法、用法的自觉性，全面提高大学生的思想道德素质、行为修养和法律素养，为培养德、智、体、美、劳全面发展的社会主义建设者和接班人，打下扎实的思想道德和法律基础。“思想道德修养与法律基础”教学的困境是由其课程本身的特点带来的。

1. 教师输出信息多与学生接收信息少

从根源上来看，“思想道德修养与法律基础”在教学过程中，面临“一言堂”的尴尬，[1] 尽管理论课教师都在采取多种形式进行以学生为中心的教学改革，教无定法，但是教师输出信息与学生接收信息量仍然处于“不平衡”的状态——问卷调查显示，81.2% 的“思想道德修养与法律基础”课教师认为学生接收到的信息少于教师输出的信息；仅有 5% 的“思想道德修养与法律基础”课教师认为学生能够基本接收到自己输出的全部内容，可见学生接收远远少于教师输出。针对大学生的问卷调查显示，对于“思想道德修养与法律基础”课，86% 的学生学习动力缺乏，9% 的学生认为“思想道德修养与法律基础”无用、“思想道德修养与法律基础”就是“大道理”、与自己离得很远等，也有部分原因是教师对学生学习规律

[1] 郭永爱．高校“思想道德修养与法律基础”课存在的问题及其对策［J］．知识经济，2019（36）：160.

把握不到位，5% 的学生认为与教师的授课水平有很大关系。如何使教师输出的信息能够被学生有效接收，学生需要更多的激励。

2. 主流意识形态与学生认知层次难以统一

习近平总书记在全国高校思想政治工作会议中指出，要用好课堂教学这个主渠道，思想政治理论课要坚持在改进中加强，提升思想政治教育亲和力和针对性，满足学生成长发展需求和期待。从授课内容而言，由于当前信息多媒体蓬勃发展，自媒体繁荣，社会多元文化互相交织融合，意识形态领域斗争复杂激烈，学生信息获取方面追求短平快，主流意识形态引导与学生认知层次存在断层，于是“思想道德修养与法律基础”课容易走上两个极端。一个是照本宣科，内容贴近主旋律，缺乏亲和力，给“00后”的学生带了距离感；另一个是通俗化，授课教师为了吸引学生的注意力，与学生拥有“共同语言”，提升“思想道德修养与法律基础”课的亲切感，不惜将课程过分通俗化甚至庸俗化。要找到主流意识形态与学生认知层次的结合点，不愠不火、恰到好处地实现教学效果，有一定难度。

3. 学生广泛存在知行不一致的现象

问卷调查显示，90% 以上的学生认为“思想道德修养与法律基础”课不难，甚至 95.78% 的学生认为，“思想道德修养与法律基础”内容简单易懂。然而，从实际表现来看，学生很难做到知行合一，[1] 出现严重的“输出不足”。学生的思想来源于客观外界，又指导行为去改造客观世界，并且在改造客观世界的过程中形成新的思想，产生新的行为，进一步改造客观世界，从而形成良性循环，这是思想和行为发展进步的规律，也是理论和实践相互推动的规律。[2] 当前就是知不易行更难。要改变这种状况，不能光“喂”知识，还要实现能“消化”知识，也就是我们常说的必须加强内化于心，才能追求外化于行。如何能够激发同学的内生动力，促进知识内化和外化，也是我们工作中要解决的难点问题。

---

[1] 刘盆美 .“思想道德修养与法律基础”课程改革与实践研究［J］. 三江高教，2018（4）：33.

[2] 张蔚萍 . 思想政治工作学教程［M］. 北京：中共中央党校出版社，2013：15-36.

4. 课堂学生注意力不集中，抬头率低

在调研的过程中，发现思想政治理论课抬头率不高，人到了心没有到，原因是内容不适应他们的需要，主要可能是“配方”比较陈旧，“工艺”比较粗糙，“包装”不那么时尚，抬头率就低了。这是思政课面临的共性问题。那么在实际课堂当中，很多学生低头，是因为使用手机的原因。网络是把“双刃剑”，手机也是。“00后”大学生，生于大数据、人工智能、云计算、移动通信高速发展的时期，他们充分享受到了网络、智能手机所带来的便利，同时也在一定程度上特别依赖手机。关于课堂手机的使用问题，笔者主张“疏”，反对“堵”——如果利用手机获取线上资源，就是运用好信息化手段，运用好网络阵地，给他们输送正确的营养、健康的营养的好做法。

二、对分课堂在“思想道德修养与法律基础”教学中的运用

要解决以上问题，提高教师输出信息的吸收率，理性提高主流意识形态的亲和力，促使学生实现知行合一，知行相长，提高学生在课堂上的参与度和抬头率，解决“思想道德修养与法律基础”教学过程中的困境，关键点仍然是要聚焦于解决学生学习过程中内化和输出的问题。笔者在对分课堂理论的基础上就“思想道德修养与法律基础”教学进行了实践，取得了一定的效果。

1. 对分课堂简介

复旦大学张学新教授在2013年提出了对分课堂教学新模式。这种教学模式把教学内容分为三个部分——讲授（Presentation）、内化吸收（Assimilation）和讨论（Discussion），即PAD模式，对分课堂实施的关键在于促进学生个性化的内化吸收。[1]

---

[1] 张学新．对分课堂：大学课堂教学改革的新探索［J］. 复旦教育论坛，2014（12）：6.

从内容上而言，对分课堂包括知识讲授、个人独学和小组讨论三种形式。[1]无论是在课堂内完成还是课堂外作为课后作业完成，这三种形式都是贯穿始终的。从形式而言，对分课堂又包括隔堂对分和当堂对分，两者的区别在于隔堂对分的独学部分是在课下完成，这适用于学生自身素质良好和自我管理能力较好的情况，能够充分发挥学生的主观能动性，实现翻转课堂的优势；当堂对分的独学部分是在课上留出时间来完成，当堂对分可以丰富课堂的教学形式，调节课堂气氛，尽管在时间上有点儿耗费，但对于自主学习能力较差的学生是比较有效的，学生课下负担比较小。

2. 对分课堂理论的改进

笔者根据授课对象的特点，主张使用当堂对分，在借鉴对分课堂理论的基础上，加入了分享回归环节，在实践中将“思想道德修养与法律基础”教学分为“教师讲授（Presentation）、学生独学（Self-taught）、小组讨论（Group-discussion）、分享回归（Return-to-topic）”四个环节（见图 1）。

（1）教师讲授。讲授环节的主体是授课教师。重点在于知识点讲授，将必要的概念原理、学习目标、学习的意义讲清楚，不用过分展开讲解。案例讲解过多，学生会听得“热闹”，看不到“门道”，主要是让学生了解概念性的内容，知晓本章节的重点难点。

（2）学生独学。独学环节的主体是学生，需要教师给予轻微引导。要求学生自己对本章节内容进行主动了解，教师提供学习资料，如描述性事件、新闻报道、视频资料等。独学过程中，教师不参与，学生之间不讨论，根据自己在讲授环节掌握的信息和自己的理解，对本章节内容进行梳理。

（3）小组讨论。小组讨论环节的主体是学生，需要教师精心设计素材。这里有两个重要的因素值得关注，一是素材设计的好坏直接影响讨论

[1] 尹有，朱文蔚 .“对分课堂”在高校《政治经济学》教学中的应用探讨［J］. 现代商贸工业，2019（29）：161.

效果，这就需要教师在备课时精心选材，是教师在课堂外下的功夫。二是学生分组但不设组长，因为如果设立组长，其他学员通常有推卸或者逃避的心理，不能保证全员全情投入讨论。

（4）分享回归。分享回归环节的主体是教师和学生。学生主动分享或者随机抽取学生分享讨论内容和结论，通常情况下，学生思维比较发散，这时候教师的控场能力显得尤为重要，既要能发散开来，还要能收拢，最终回归到第一环节讲授的知识点上，印证知识点，加深印象。

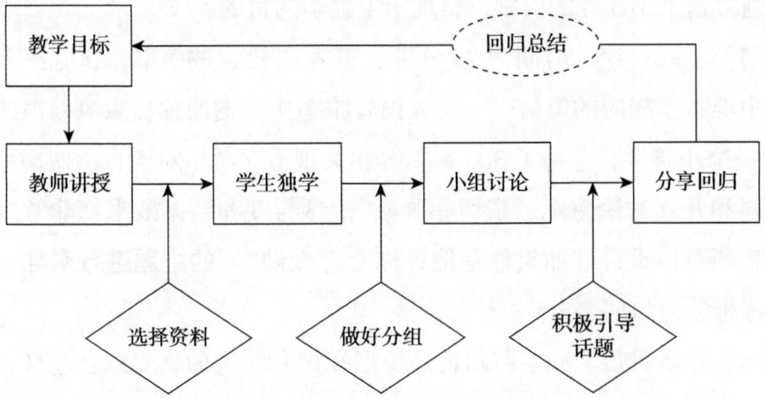

图 1　“思想道德修养与法律基础”教学的四个环节

3.“思想道德修养与法律基础”对分课堂教学法改进后的应用

笔者所在学校的“思想道德修养与法律基础”课程总共 48 学时，为 3 学分的必修课，其中课堂讲授 32 学时，实践 16 学时，周课时为 2 学时。“思想道德修养与法律基础”对分课堂教学法主要是针对课堂讲授的 32 学时，运用对分课堂的当堂对分理论，以高等教育出版社出版的《思想道德修养与法律基础》（2018 版）为教材，以“第五章 明大德、守公德、严私德”第一节教学为例，教学时长为 90 分钟课堂，将教学过程划分为教师讲授、学生独学、小组讨论、分享回归四个环节。

（1）教师讲授。第一节内容中，教师主要从哲学的角度讲授什么是道德、马克思主义道德观，对于道德起源加以阐释，介绍道德的变化发展、道德的功能和作用；从中美制度对比简要说明社会主义道德的核心和原则。时间分配为 30 分钟，主要是厘清基本概念和理论。

（2）学生独学。要求课堂学生打开教材，结合教师讲授内容，对本章节内容进行梳理，时间为 20 分钟。这里，教师需要通过任务设计，引导学生开展个人独学。例如，笔者会要求学生画出思维导图或者是章节结构图，通过这个小任务的引领，实现学生独学的目的。

（3）小组讨论。时间为 25 分钟。笔者在教学过程中，在蓝墨云班的资源中准备了相应的资料——《人民日报》中“谢谢你！乘风破浪的逆行者”“一个小善举，坚持了 300 年”等相关报道，学生对于自由使用手机查阅资料和开展讨论感觉“亲切和放松”，参与度和讨论效果都非常好。同时，教师可以设计“如果你是他，你会怎么做?”的主题进行引导，让学生发挥想象力和创造力。

（4）分享回归。分享回归就是要把知识和学生的感受结合起来，时间为 15 分钟。经过讨论，把学生的观点可以提炼出来进行分享。但是作为教师，要有适当预期——“00 后”的学生与教师通常会有思维上的不同步，往往会有个性的声音，这时候需要教师引导学生去解决，回归到教学目标上去，教师要有课堂掌控力。

4. 课堂效果

笔者从 2017 年秋季学期开始做改进对分课堂的尝试，以 2015—2018 年笔者授课“思想道德修养与法律基础”的学生为样本，进行了问卷调查，发放调查问卷 240 份，收回有效问卷 237 份。问卷调查结果显示，首先，课程参与度由原来的 30.5% 提高到 99.3%；对“是否喜欢‘思想道德修养与法律基础’”这个问题给出肯定答案的学生由原来的 40.1% 提高到 75.2%，尽管仍然有上升的空间，改善的效果还是很可观的；其次，针对学生的个别访谈中，学生普遍认为，改进后的对分课堂教学体验感强，在课堂上与同学的充分交流提升了自己的学习兴趣，增进了和同学的感情，也锻炼了自己沟通、表达和思考的能力；最后，还有学生认为自由发言让自己“上课很放松”，特别有“被尊重”的感觉，并且敢于将自己看到的社会现象以及困惑拿出来与老师、同学在课堂上交流，感觉课程更有意义了。

作为教师，笔者最直观的感受就是课堂的抬头率更高了，学生主动发言更多了。尤其是允许讨论环节使用手机查阅资料后，反倒是学生在其他环节看手机的变少了，学生与教师之间的交流更多了。笔者所在学校采取期末学生匿名评教的方法对教学效果进行考察，学生评教分数与之前相比较提高了 1 个百分点。

同时，任课教师的压力也随之而来，要求任课教师能够随时解答学生可能抛出来的任何问题，提高课堂掌控力，对于学生的反应和反馈要有预判，因此备课的时间更长了。

三、对分课堂理论改进和应用于“思想道德修养与法律基础”课程教学的思考

对分课堂理论已经在很多课程得到应用，从中国知网收录相关论文的情况来看，其应用于高校各学科课程的效果在一定程度上得到验证。对分课堂理论的优势在于增强教学客体的体验感，然而，对于思政课而言，如果要在更广泛范围内开展对分课堂教学实践，仍然有以下几个方面需要进一步强化。

1. 进一步推广开展小班教学

对分课堂的一个重要环节是“小组讨论”，如果是太大的课堂，小组讨论的效果就会大打折扣。笔者了解到，虽然笔者所在学校已经开展了“思想道德修养与法律基础”的小班教学，但是仍然有很多学校的思政课采用传统的大班教学。当堂对分很难在动辄百人的大教室进行，因为没有办法保证充分交流。也许在学生自主学习能力较强的基础上开展隔堂对分，把小组讨论环节安排到课下时间，是一个有针对性的解决办法。

2. 促进当堂对分向隔堂对分发展

当堂对分从时间上来看是不经济的，课堂上要抽出10—20分钟的时间用于小组讨论，还有自学的实践，教师对于课堂的掌控和利用就有点“先天不足”了，这样会导致教学进度的紧张，有一些知识点教师课堂上就没有办法讲透。在条件成熟的情况下，如果能进一步调动学生的积极性，提高课堂效率，为充分使用课下时间开展隔堂对分打下坚实的基础，那么课堂时间的效率会更高。

3. 提高教师队伍整体素质

笔者对于对分课堂的改进，很重要的一个环节是“分享回归”，这对任课教师的综合素质要求比较高，任课教师需要能够完全掌握所教授学科的学术热点和前沿。因为学生的思维是发散的，反馈回来的问题是五花八门的，只有提高任课教师整体素质，才能够切实回应学生的困惑，解答学生的问题，才能实现任课教师对课堂的完全掌控，进而做到教学过程中的“形散而神不散”，如行云流水，游刃有余。

4. 以开放的态度来看待对分课堂理论

不同的学科有着不同的特点，文管学科和理工学科不同，各自学科内部课程也有很大差异，不同思政课的特点也不同，笔者探讨的是实践性较强的“思想道德修养与法律基础”，对于其他思政课，对分课堂不是“放之四海而皆准”的定律，需要任课教师结合自己的教学经验和课程特点加以改进和创新，设计自己所教授课堂的对分方法，才能行之有效，永葆对分课堂理论的活力和优势。

基于思政课程教学设计视角提高大学生课堂注意力的策略研究

李建华 *

摘　要　本文从思政课程教学设计的视角出发，认为大学生课堂注意力下降的三个主要原因是大学生课堂注意力不均匀分布、课堂氛围营造不足和课程教学设计不合理。根据大学生课堂注意力分布的时间规律，本文认为教师应该合理分配教学时间，营造良好的课堂氛围，优化课程教学设计，最终达到提高大学生课堂注意力的目的。

关键词　教学设计　课堂注意力　教学策略

在大学思政课程的教学过程中，大学生课堂注意力是影响教学效果的重要因素。近年来，大学生思政课“隐性逃课”问题成为教育管理的热点问题。所谓“隐性逃课”，实际上就是大学生课堂注意力的下降，表面上学生在教室上课，实际上学生的思维并没有在教室，不是听老师的课程讲解，而是忙于其他事情，例如补作业、上网浏览、打游戏等。课堂注意力的下降不仅影响大学思政课教学效果，而且会影响大学生的整体学业水平。首先，思政课的课堂教学效果好，可以为专业教育保留更多精力。其次，思

*　李建华，男，经济学博士，北京石油化工学院马克思主义学院副教授，主要研究方向为社会主义市场经济理论。

政课的课堂教学效果好，可以为学生在专业上的进步把握正确的方向。

一、基于思政课程教学设计视角大学生课堂注意力下降的原因

1. 大学生注意力时间分布不均匀

经过中学时代的学习和高考的选拔，进入大学学习的学生课堂注意力可以保持相对较长的一段时间。由于学习重心转移、学习压力的变化，以及丰富多彩的课余生活的吸引，大学生对课堂教学的重视程度开始下降，这对课堂注意力的负面影响是比较大的。我们对大学生课堂注意力的分析必须排除基于各种理由的逃课现象，因为学生不在课堂，无法根据注意力的客观规律讨论其行为。我们假设大学生进入教室学习，如何根据大学生课堂注意力的变化规律来寻找课程设计的思路。

大学生课堂注意力无法在 45 分钟之内保持均匀分布，很多学者注意到大学生课堂注意力的问题，分析了大学生的课堂行为和课堂注意力的变化规律，张琳悦[1]、鲁月园等[2]、夏道勋等[3]从不同方面深入分析了大学生课堂的行为规律，总结了学生课堂注意力下降的原因。

根据学者的研究成果，结合教学时间，笔者将大学生课堂注意力的时间分布规律总结为表 1。从表 1 中可以看出，在 45 分钟一节课中，大学生课堂注意力可以分为两个阶段，这两个阶段分别呈现两个注意力变化的循环。第一个阶段是大学生课堂注意力的“强周期”，分布时间段为 0—20 分钟。0—5 分钟为课堂注意力转移期，学生刚进入教室，寻找座位，整理资料，准备上课，注意力逐步向本节课转移。6—20 分钟为注意力稳定期。学生注意力逐渐聚焦于教师讲课，希望学习新的知识点，挑战学习的难度

---

❶ 张琳悦 . 大学生课堂注意力影响因素分析及解决方案［J］. 山西青年，2016（14）：184.

❷ 鲁月园，张军，白钰，等 . 大学生专注力与时间管理倾向的关系研究［J］. 承德医学院学报，2021（1）：88-90.

❸ 夏道勋，田星瑜，唐胜男 . 基于视觉注意力的学生课堂行为分析［J］. 贵州师范大学学报（自然科学版），2021（4）：83-89，120.

内容。第二个阶段是大学生课堂注意力的“弱周期”，分布时间段为21—45分钟。21—30分钟为课堂注意力分散期，新鲜感的边际效用递减，学生逐渐对教学内容审美疲劳，注意力开始下降，需要新鲜感来重新唤起注意力。31—45分钟为注意力反弹期。经过短暂的休息，学生注意力焦点重新回到教师讲课，可以继续学习新的知识点，但想挑战学习难度的想法消失，更希望学习一些简单的内容或者复习前面已经学过的内容。

表1　大学生课堂注意力分布规律和行为特点

阶段	时间分布	注意力分布	大学生行为特点
第一阶段（强周期）	0—5分钟	转移期	学生刚进入教室，寻找座位，整理资料，准备上课，注意力逐步向本节课转移
	6—20分钟	稳定期	学生注意力逐渐聚焦于教师讲课，希望学习新的知识点，挑战学习的难度内容
第二阶段（弱周期）	21—30分钟	分散期	新鲜感的边际效用递减，学生逐渐对教学内容审美疲劳，注意力开始下降，需要新鲜感来重新唤起注意力
	31—45分钟	反弹期	经过短暂的休息，学生注意力焦点重新回到教师讲课，可以继续学习新的知识点，但想挑战学习难度的想法消失

2. 思政教师课堂氛围营造不足

良好的教学效果需要一个富有感染力的课堂氛围，思政课堂氛围营造不足，也可能导致大学生课堂注意力的下降。陈志斌[1]从教师教学的外显行为分析了大学生课堂注意力的下降问题。周长光等[2]、连加荣等[3]分析了

[1] 陈志斌.基于提高大学生课堂注意力集中度的教师教学外显行为细分实证研究［J］.山西财政税务专科学校学报，2013（3）：71-74.

[2] 周长光，梁医，范元勋.利用课堂应答系统提高当代大学生课堂注意力的策略研究［J］.高教学刊，2021（22）：62-65.

[3] 连加荣，李慧敏.浅析现代大学生课堂注意力持续下降的原因及教学策略［J］.中国科教创新导刊，2011（4）：227-228.

提高大学生课堂主义的教学策略。黄婧婕等[1]利用电子设备监测了大学生课堂注意力的脑电信号。

综合学者的研究成果和教学实践，笔者将思政教师课堂氛围营造对大学生课堂注意力的影响总结为表 2。大学生在课堂上通过视觉和听觉两个途径接收信息。从视觉的角度来看，首先，教师的外在形象是留给学生的第一印象，影响学生对课程的印象。符合大学教师形象的合理衣着、保持微笑并有丰富的面部表情、适当的行为举止，有利于课堂氛围的营造。其次，PPT 的制作水平在一定程度上体现了教师对知识的理解，影响大学生对知识点的学习和掌握。设计精美的 PPT 能够吸引大学生注意力集中在知识点的讲解。最后，板书水平在一定程度上体现出教师的人文素养，影响大学生对教师的印象。字体优美的板书能够吸引学生的注意力以及学生对知识的重视程度。从听觉的角度来看，教师讲课的嗓音是学生接触到的听觉信息。嗓音在一定程度上是学生对教师的辨识度的最重要信号，富有磁性的嗓音能够体现教师的个人魅力，吸引学生的注意力，有利于营造良好的课堂氛围。除了教师的嗓音，教师讲课的语速也很重要。语速过快，学生可能跟不上；语速过慢，学生可能产生厌烦心理。恰当的语速能够让学生跟随教师的知识点讲解速度，更有效地学习知识点，减少无效率讲课。

表 2　思政教师课堂氛围营造对大学生课堂注意力的影响

接收信息途径	信息表达方式	对大学生课堂注意力的影响
视觉	教师	教师的外在形象一定程度上体现了教师的品位，影响大学生对该课程的印象和接受程度。符合大学教师形象的合理衣着、丰富的表情、适当的行为举止，有利于课堂氛围的营造

[1] 黄婧婕，程丽莹，石佳佳，等．动画教学模式下大学生课堂短时注意力脑电信号研究［J］．北京生物医学工程，2021（2）：139-144.

续表

接收信息途径	信息表达方式	对大学生课堂注意力的影响
视觉	PPT	PPT 的制作水平在一定程度上体现了教师对知识的理解，影响大学生对知识点的学习和掌握。设计精美的 PPT 能够吸引大学生注意力集中在知识点的讲解，有利于课堂氛围的营造
	板书	虽然板书只是现代课堂教学的辅助手段，但是板书水平在一定程度上体现出教师的人文素养，影响大学生对教师的印象。字体优美的板书能够吸引学生的注意力以及学生对知识的重视程度，有利于营造良好的课堂氛围
听觉	嗓音	教师讲课的嗓音在一定程度上影响学生对教师的辨识度和吸引力。富有磁性的嗓音能够体现教师的个人魅力和吸引学生的注意力，营造良好的课堂氛围
	语速	教师讲课时恰当的语速在一定程度上影响学生对知识的接收效率。恰当的语速能够让学生跟随教师的知识点讲解速度，更有效地学习知识点，减少无效率讲课

3. 思政课程教学设计不科学

合理的思政课程教学设计可以让学生的学习效率提高。如果思政课程教学设计不合理，学生跟不上教师的教学，丧失学习的信心，也可能降低大学生课堂注意力。很多学者针对大学生课堂注意力提高总结了教学设计方面的经验。梁安莉主张利用“互联网 +”的各种软件提高大学生课堂注意力。[1] 还有一些学者从不同的课程角度总结了课程导入设计在提高大学

[1] 梁安莉 .“互联网 +”时代高校有机化学课堂教学改革与创新［J］. 创新创业理论研究与实践，2020（10）：51-52.

生课堂注意力方面的经验。[1]陈再生等[2]主张在思政课中，用紧密结合现实热点问题讲解来提高大学生的课堂注意力。

综合学者的研究成果和教学实践，笔者认为思政课程教学设计不科学可能降低大学生课堂注意力。首先，思政课程教学设计知识点分布密度过高，学生听讲应接不暇，前面的知识点还没掌握，后面的知识点就来了，知识点的“饱和攻击”导致课堂注意力降低。其次，思政课程教学设计难点分布密度过高，难点前后衔接，学生“无处下嘴”。前一个难点没听懂，后一个难点没办法听，导致课堂注意力降低。最后，同一种讲授方式分布密度过高，理论推导单调乏味，前一个知识点是理论推导，后一个知识点如果仍旧是理论推导，讲授方式的边际效用递减，导致学生课堂注意力降低。

二、提高大学生课堂注意力的思政课程教学设计策略

1.遵循注意力分布规律，合理分配教学时间

根据大学生课堂注意力“强周期”和“弱周期”的两个时间分布阶段，笔者将不同阶段的大学生注意力时间分布规律和课程教学设计策略总结在表3中。

在评书和戏曲行业，非常重视艺术创作的“审美疲劳”现象，为了提高对观众的吸引力，评书和戏曲形成这样一句术语：“听书听扣，看戏看轴”，评书的“扣”和戏曲的“轴”是吸引观众的关键。思政课程教学设

---

[1] 麦继芳，陈俊宏，赵海清.本科理工科课堂导入式教学方法的探索与应用：以“概率论与数理统计”课程为例［J］.科教文汇（上旬刊），2019（2）：60–62，65；刘世民.高校教师课堂导入与提问话语研究：以第五届全国高校青年教师教学竞赛决赛视频为例［J］.百色学院学报，2021（1）：126–132；李美星，沈清明.高校课堂导入环节中科学价值观的渗透：以《材料分析技术》课程为例［J］.广东化工，2021（14）：285–286，269；史华田.论本科生教学的课堂导入艺术［J］.安徽工业大学学报（社会科学版），2013（3）：108–109；季绍斌.探析高校专业课堂导入思政教学元素要旨：以《英美文学欣赏》课为例［J］.中国报业，2018（8）：93–95.

[2] 陈再生，卢佳惠.战“疫”素材在高校思政课教学中的运用［J］.教育评论，2020(6)：91–95.

计也可学习“扣”和“轴”的设计理念。第一阶段的0—5分钟和第二阶段的21—30分钟，课程教学需要设计两个知识点的导入环节，也就是课程教学的“扣”和“轴”。导入环节的关键在于把大学生课堂注意力吸引到教师身上。经过我们的教学实践证明，短视频、图片、案例是吸引大学生课堂注意力的有效手段，而导入环节所使用的短视频、图片、案例需要满足以下特点。第一，一定要足够震撼人心，瞬间吸引所有人的注意力。短视频、图片、案例不一定和所讲的知识点紧密相关，有关系即可，因为重点是吸引注意力。第二，一定要发人深思，让所有人思考，调动学生思维能力。短视频、图片、案例可以是幽默的，也可以是悲惨的，让看到的人不自觉地思考其背后的深刻意义。例如，我们曾在课程中用普利策新闻奖照片《饥饿的苏丹》作为课程导入环节，照片中由于饥饿倒下的小女孩儿和落在旁边的秃鹫将非洲的饥荒展示得淋漓尽致，将所有学生的注意力吸引到课程中，并且引发了所有人的思考。

一旦学生的课堂注意力吸引到教师身上，思政教师就要利用关键的6—20分钟和31—45分钟的黄金时间讲解知识点，因为此时学生的课堂注意力集中，学生的思维高度运转。6—20分钟是“强周期”时间段，思政教师可以将重点和难点放在该时间段讲解，该时间段是学生课堂注意力最高、思维运转最快的时间段。31—45分钟时间段是“弱周期”时间段，思政教师可以安排普通知识点的讲解，该时间段课堂注意力和思维运转速度仍较强，但是相比于“强周期”课堂注意力已经有所下降。

表3　不同时间段思政课程教学设计策略

阶段	时间分布	注意力分布	教学设计策略
第一阶段（强周期）	0—5分钟	转移期	重要和难度较高的知识点导入
	6—20分钟	稳定期	重要和难度较高的知识点讲解
第二阶段（弱周期）	21—30分钟	分散期	普通知识点导入
	31—45分钟	反弹期	普通知识点讲解

2. 提升思政教师综合素质，营造良好课堂氛围

根据课堂氛围对大学生注意力的影响，我们将思政教师在课堂的视觉和听觉两个方面的课堂氛围营造策略总结在表 4 中。知识的传播过程不仅包括知识本身，而且包括知识的载体，也就是教师和学生之间的信息互动。良好的课堂氛围可以提高思政教师和学生之间信息互动的效率。

从进入教室的那一刻开始，思政教师一定要重视课堂视觉气氛的营造。首先，思政教师要展现的是自己的形象，有符合大学教师形象的合理衣着、发型、配饰，最好穿正装。进入教室前调整情绪，保持微笑，表情丰富。与学生交流谈吐优雅，行为举止恰当。其次，思政教师要展示的是PPT，PPT 内容既不脱离教材，又不局限于教材，合理补充内容。PPT 结合教学和教师本人科研工作，展现教师科研特色。PPT 模板设计精美，色彩丰富，图文结合紧密。PPT 展示方式多样，添加动态变化、视频播放等多种展示方式。最后，思政教师要展示板书。板书书法美观，字体大小合适，体现教师人文素养。板书内容适中，重点突出，与课程讲授恰当结合。板书作为辅助手段，不能抢 PPT 的风头。

从第一句话开始，思政教师一定要重视课堂听觉氛围的营造。首先，思政教师要重视自己的发音。普通话标准，读音准确。声音洪亮，借助于麦克风能够让教室中每一位同学听清楚。具有个人嗓音特色，展现教师个人魅力。其次，思政教师要重视自己的语速。语速适中，不能过快或者过慢。抑扬顿挫合理分布，能够让学生体会到讲授内容重点突出。提前备课，讲课流畅，不能出现停顿和错误。

表 4　思政教师课堂氛围营造策略

接收信息途径	信息表达方式	思政教师课堂氛围营造策略
视觉	教师	（1）符合大学教师形象的合理衣着、发型、配饰，最好穿正装 （2）进入教室前调整情绪，保持微笑，表情丰富 （3）讲课时谈吐优雅，行为举止恰当

续表

接收信息途径	信息表达方式	思政教师课堂氛围营造策略
视觉	PPT	（1）PPT 内容既不脱离教材，又不局限于教材，合理补充内容 （2）PPT 结合教学和教师本人科研工作，展现教师科研特色 （3）PPT 模板设计精美，色彩丰富，图文结合紧密 （4）PPT 展示方式多样，添加动态变化、视频播放等多种展示方式
	板书	（1）板书书法美观，字体大小合适，体现教师人文素养 （2）板书内容适中，重点突出，与课程讲授恰当结合 （3）作为辅助手段，不能抢 PPT 的风头
听觉	嗓音	（1）普通话标准，读音准确 （2）声音洪亮，借助于麦克风能够让教室中每一位同学听清楚 （3）具有个人嗓音特色，展现教师个人魅力
	语速	（1）语速适中，不能过快或者过慢 （2）抑扬顿挫合理分布，能够让学生体会到讲授内容重点突出 （3）提前备课，讲课流畅，不能出现停顿和错误

3. 合理分布知识点，优化思政课程教学设计

根据对思政课程教学设计规律的总结，笔者认为优化知识点分布的密度可以有效提高大学生课堂注意力。首先，每节课 45 分钟最多设计两个知识点讲解，因为大学生的课堂注意力只有两个阶段，每一个阶段适宜分布一个知识点。其次，每节课 45 分钟最多设计一个重点或者难点，因为大学生课堂注意力每节课只有第一阶段 6—20 分钟的时间段能够保持最强的课堂注意力和思维能力，适合重点和难点的讲解，第二阶段 31—45 分钟，学生的课堂注意力和思维能力都有所下降，重点和难点教学效果不理想。最后，每节课 45 分钟的第一阶段和第二阶段变换主要讲解方式。如果第一阶段主要用理论推导方式，那么第二阶段主要用其他方式讲解，例如案例分析方式。通过以上三种方式合理分布知识点，可以优化课堂教学设计，提高大学生课堂注意力。

三、结论

大学思政课有两个显著的特点：一是思政课性质的重要性，思政课是大学教育的重要环节，是落实立德树人根本任务的关键课程；二是思政课的与时俱进性，思政课要及时反映中国特色社会主义建设的新成果。这两个特点使得提高大学生课堂注意力、优化教学效果成为大学思政课教学改革的重要课题。如何提高大学生思政课的课堂注意力是一个非常复杂的问题，我们选取了从思政课程教学设计的微观视角出发，分析了大学生课堂注意力下降的原因。大学生课堂注意力不均匀分布，思政课堂氛围营造不足和思政课程教学设计不合理是大学生课堂注意力下降的主要原因。根据大学生课堂注意力分布的时间规律，并结合教学实践，笔者建议思政教师应该合理分配教学时间，营造良好的课堂氛围，优化思政课程教学设计，最终达到提高大学生课堂注意力的目的。这也是一个实践性要求非常高的课题，我们将继续研究这一课题，从思政课教学改革实践中总结经验教训，找到提高大学生课堂注意力的有效手段。

叙事治疗视野下问题学生的思想政治教育 *

马　驰 **

摘　要　叙事治疗强调关注人的积极正向、建构和资源、力量和优势。叙事治疗视野下对学生的态度是：每个学生都值得珍惜，都有足够的积极正向经验，都是他自己的人生榜样。教师应建立对学生好奇的态度，充分挖掘学生的积极正向经验，建立与学生的平等互动关系，建设更包容更多元的校园文化。

关键词　叙事治疗　问题学生　自我认同　思想政治教育

叙事治疗是后现代心理治疗的一种，它通过帮助来访者用积极故事去替换原来的问题故事，从而改变来访者对自己的消极看法，构建积极自我认同，以唤起其发生改变的内在力量的过程。如何对故事进行建构、阐释和理解，有赖于咨询师对叙事理论的深刻理解。叙事治疗理论不仅仅是一个治疗方法，更是一种世界观和态度。❶它对个体生命的关注、问题的外化理解、积极正向的重视、多元文化视角的态度，不仅可以在心理咨询中撬动学生生命的力量，更可以在广大的学生辅导工作中尤其是对问题学生的辅导中展示其独特功效，拓展与改进高校思想政治教育的理念与方法。

---

* 本文曾发表于《北京教育·德育》2016 年第 6 期，收入本书时略有修改。

** 马驰，女，法学硕士，北京石油化工学院马克思主义学院讲师，研究方向为近现代史和思想政治教育。

❶ 肖凌，李焰．叙事治疗的西方哲学渊源［J］．心理学探新，2010（5）:29-33.

一、叙事治疗改变了人们对问题学生的看法

1. 学生的问题是被文化建构出来的

作为一个自然人，人刚来到世上是没有任何社会属性的。因此没有被比较，也没有被评价，也无所谓自卑或自信，每个人平等而自然地存在。然而人在成长过程中，在经历社会化历程里，社会的政治制度、社会体制、道德标准、主流价值、习俗、文化等逐渐内化到个体的人格结构中，成为个体的超我，因此人们有了好坏、对错、道德与否的看法。❶符合社会的政治制度、道德标准、习俗与文化的人被赞扬和被肯定，而不符合的人在某种程度上会被压抑、贬低、排斥。换句话说，我们对一个事物的看法，其实没有绝对统一标准，所谓统一标准是在不同的社会环境下建构出来的。所以，学生的问题是社会建构的产物。大学生在中学成绩优异，被称为“学霸”，是人人羡慕的对象，而上了大学，身边学生成绩都一样优秀，他就泯于众人之中，有的可能都被归到了“学渣”一类。

2. 学生不等于问题，问题才是问题

正因为学生的问题是被文化建构出来的，学生和问题就是两个事情了。学生不等于问题，问题才是问题，这句充满了叙事外化精神的语言把学生从问题中解脱出来。当问题成为一个与人区分开来的实体，当人们不再限制于他们自我认同的“事实”，或是生活中负面的“必然”时，采取行动面对困境的新选择就出现了。❷把人的自我认同和问题区分开来并不是让人对问题不负责任，而是使人更能承担责任。如果一个人本身就是问题，他能做的就非常少，因为每一个行动都意味着自我破坏。但是如果一个人和问题的关系划分得很清楚，改变这种关系的一系列可能就出现了。

3. 学生是解决自己问题的专家

在叙事治疗视野下，咨询师在倾听学生故事的时候，采用的是“好奇

---

❶ 马丁·佩恩. 叙事疗法［M］. 曾立芳，译. 北京：中国轻工业出版社，2012：32.

❷ 迈克尔·怀特. 叙事疗法实践地图［M］. 李明，党静雯，曹杏娥，译. 重庆：重庆大学出版社，2011：13.

的学习者”的态度。学生被认为是拥有智慧和资源的专家，这种态度能够使咨询师与学生共同构建他们的生活，而不是削弱学生的能量；学生看到他们生命故事被积极地建构，而不是被消极地解释。因此，叙事治疗彻底改变了咨询师和学生的关系。学生是他自己生命的主人。咨询师不是拥有真理的专家，而是与学生合作，一起重写生命故事的人。[1]

二、叙事治疗视野下对问题学生的思想政治教育

1. 叙事治疗视野下学生的新风貌

第一，每个学生都值得被珍惜。在传统老师的眼中，好学生会得到更多关爱和更多资源，并被重点培养，这是我们常见的现象。作为一个普通教育者，有时也会不自觉地喜欢上那些符合教育期待的学生。而叙事治疗认为，所谓的好与坏是文化建构的结果，学生是学生，问题是问题，学生不等于问题。每个学生都是值得珍惜的，都是面对自己问题的专家和主人。

第二，每个学生都有足够的积极正向经验。传统的思想政治教育往往将教育的重点落在学生的问题上，原因是人们容易把关注点放在“问题”上。叙事治疗认为，即便是“问题”学生，他也有足够的积极正向经验，有无数的“闪亮时刻”，有来自生命深处的资源、力量和优点，有不同于“问题”故事的“新异”时刻。教师的使命是帮助他们看到自己的“闪亮时刻”，即积极正向经验。

第三，每个学生都是他自己人生的榜样。在传统的教育理念中，教师习惯给学生树立人生榜样，秉承“榜样的力量是无穷的”。确实，很多时候榜样能够激发学生向上向善的力量，但是更多时候因榜样的存在而贬低了“问题学生”自我存在的价值。叙事治疗认为，每个生命在成长历程中

---

[1] 叶浩生．社会建构论与西方心理学的后现代取向［J］．华东师范大学学报（教育科学版），2004（1）:43-48.

都发展出了足够的积极正向经验，每个人都是他自己人生的榜样，生命的力量本来就来自他自己。当叙事治疗发现了学生拥有独一无二的来自自己生命实践的力量、资源和优势时，他们的生命潜能就真的被激发出来，并发展壮大。

2. 叙事治疗带给思想政治工作的新思维

第一，教师对学生要有好奇心。好奇就是“不知道、想了解”的态度，教师没有预设答案，没有批评和教导，意味着教师已经把学生和问题分开，学生是学生，问题是问题。传统教育常常更重视问题对学生的影响，比如我们描述说这是一个学习困难的学生，或者这个学生失恋了，而不太重视学生对这些问题的应对历程。当教师用叙事治疗的思维，去探究学生面对问题的看法、想法，去分担学生挣扎、无力、害怕、惶恐的感受，去帮助学生看到自己在面对问题时候的办法、能力、勇气、智慧，让学生充分感受到他是面对自己问题的主人和专家时，他就可能慢慢被自己感动，改变就可能发生。

第二，教师应充分挖掘学生积极正向的经验。叙事治疗更看重来自自己生命的力量，而不是他人或者榜样的。[1]每个生命都有足够的积极正向经验，每个人都是他自己生命状态的英雄。例如，有个学生，从小学到大学都会出现考试焦虑，甚至同时会伴有躯体反应，如考试前手臂上出现成片的皮疹，每次考试都如同经过一次炼狱。在传统教师的观念中，他就是一个有严重考试焦虑的人。但是如果用叙事治疗的视野去看他的故事，尤其是关注他对考试焦虑问题的回应时，我们会看到问题故事的例外，就是小考的情况和学习好的科目考试时他不出现焦虑。再进一步就这两个例外进行探讨，于是发现，他并不是一个无法面对考试的人，他是一个有着比较丰富的应对考试焦虑的人。学生还会发现自己对目标的坚持和对考试焦虑的忍耐力。现在，这个学生就从一个有严重考试焦虑的人转变成一个有

---

[1] 李焰，张世彤．叙事治疗在大学生心理咨询中的运用［M］// 王建中．二十年“心”之探索：高校心理健康教育理论与方法研究．北京：北京师范大学出版社，2010：63.

着比较丰富的应对考试焦虑的人。

第三，教师应建立与学生的平等互动关系。传统的教育理念认为，教师是指导者、引导者，是权威、鼓舞者，有时也是批判者。而叙事治疗认为，学生是拥有智慧和资源的专家，教师的使命是发现学生，而不是改变学生。年轻的学生需要被欣赏，被肯定，才能长成属于他们的样子。因此，教师是发现学生的资源、力量与优势的人，是与学生一起积极建构人生经验的人。

三、叙事治疗带给思想政治教育的挑战

1. 教育理念的转变

叙事治疗强调教育者和学生平等互动关系。笔者曾作为辅导员心理学培训的教师，了解到培训对辅导员最深刻的改变是对学生的接纳。辅导员比较能欣赏肯定那些一心向学的、利他的、有行动力的、可堪造就的或者拥有美好未来的学生，不太欣赏和肯定那些不爱学习的、自我的、拖延的、不那么听话的，或者想退学的学生等。叙事治疗认为，每个人的内心世界形成都是他所在文化脉络传承的结果。辅导员如何能拓展自己的视野，能从学生所在的文化脉络视角理解学生，进而与他们合作，是充满挑战的议题。

2. 对中国文化的反思与超越

当今竞争激烈的现实，导致人们有强烈的生存焦虑感，崇尚成功、急功近利、强烈的竞争意识普遍存在，这些思想浸透在高校办学的理念上，也浸透在思想教育工作者身上。因此教育者需要有对中国文化的深刻理解。教育者的目标是挖掘每一个学生的潜能，让每一个生命发展得更好，因此，学校对学生的评价不能用统一的评价标准。教育的目的是发现他们，鼓舞他们，这样他们才能长成属于他们自己的样子。

下篇　三全育人

思想政治理论课实践教学协同育人模式的探索 *

陈运辉　曾卫兵　罗道全　冷文勇 **

摘　要　为了提高思想政治理论课实践教学实效，我们以问题为导向，大力加强实践教学项目品牌化和实践教学基地建设，持续优化校内外合作机制和课内外对接机制，逐步形成了实践教学的协同育人机制，取得了明显成效：实践活动有品牌、协同育人有机制、实践教学有基地、实践育人有成效。改革经验获多家权威媒体报道并多次受邀交流。

关键词　思想政治理论课　实践教学　协同育人

习近平总书记在主持召开学校思想政治理论课教师座谈会上指出，办好思政课，最根本的是要全面贯彻党的教育方针，强调要高度重视思政课的实践性，把思政小课堂同社会大课堂结合起来。[1] 循此理念，我们以问题为导向持续十余年开展思政课实践教学改革，形成了协同育人的有效模式。

---

* 本文曾发表于《北京教育（高教）》2022 年第 8 期，收入本书时略有修改。

** 陈运辉，男，经济学硕士，北京石油化工学院马克思主义学院副教授，主要研究方向为社会辩证法、生态文明和思想政治教育。曾卫兵，女，法学硕士，北京石油化工学院马克思主义学院高级政工师，主要研究方向为党建与思想政治教育。罗道全，男，法学硕士，北京石油化工学院马克思主义学院教授，主要研究方向为道德与价值论、高校爱国主义教育。冷文勇，男，法学博士，北京石油化工学院马克思主义学院副教授，主要研究方向为高校思想政治教育。

[1] 习近平 . 思政课是落实立德树人根本任务的关键课程［J］. 奋斗，2020（17）：4–16.

一、实践活动有品牌

思政课组织的学生实践活动项目化和品牌化建设的目的是出精品。多年来，我们探索和积累了三类品牌性活动。一是着力建设与理论课实践环节相配套的品牌性实践活动。如与学校团委连续 15 年合办新生演讲比赛。二是精心打造精品校外实践活动。如与“中国好人网”合作连续 8 年开展“帮好人万里行”(以下简称“万里行”)活动，200 多名学生直接受益，超过万人通过课堂交流间接受益；与大兴区团委合作开展的周边社区志愿服务活动，学生就近实践。三是积极开展创新型实践项目。如 2018—2021 年，组织拍摄大学生思政课微电影，学校先后制作的 4 部大学生思政课微电影通过了北京市初赛（进入参赛前十名），获全国三等奖 2 次、优胜奖 2 次。

二、协同育人有机制

思政课实践教学的主场域在课外，实践育人本质上是合作育人。针对社会实践开展难、实效性和持续性不强、受益面有限等问题，我们主要从以下两个方面做了有益探索。

1. 完善校内外协同机制

第一，与校内相关部门之间优势互补、相互协同。在校内，我们从组织、师资、资金和项目四个方面推进与校内相关部门和二级职能单位之间的深度合作，协同推进实践育人。一是组织协同。在学校思政课建设领导小组支持和推动下，学校马克思主义学院在教务处支持下将思政课实践教学纳入计划，部分实践环节纳入课程大纲；与学校团委合办新生演讲比赛等校内实践活动。二是师资协同。学校马克思主义学院选聘二级教学院主管学生工作的副书记和优秀辅导员担任思政课兼职教师，成为联合举办“万里行”等实践活动的骨干；思政课教师则为学校团委各类相关活动提供指导。三是资源协同。思政课实践教学专项经费与学校团委掌握的学生实践经费相互调剂和支持，实现综合效用最大化。四是项目协同。将思政课组织的实践项目与学校团委“新生引航工程”等活动项目打通，学生参与相关活动成果在满足对方考核条件下可双向互认。通过协作，与相关部门实现了优势互补、互助共赢，将工作纳入考核，形成长效机制。

第二，与校外合作单位之间相互协同、合作共赢。校外社会实践要取得成功并可持续的关键在于要找到合作双方的“共赢点”。学校同“中国好人网”连续8年合作开展“万里行”活动就是合作共赢的典型案例。“万里行”活动是“中国好人网”的品牌性活动，“中国好人网”负责整体策划和全程组织，学校负责组织暑期回家学生沿途就近参加志愿服务活动，实现了合作双赢：我们得到了优质而便利的德育平台，学生得到了锻炼，学校得到了宣传；“中国好人网”得到了大学生沿途的志愿服务，还为活动壮大了声势，扩大了影响。我们对双赢合作机制进行了精心设计，确保权责对等、合作两利，实现8年合作不断线（2020年新冠疫情暴发后暂停），其间尽管多次涉及学院领导和主管的轮换，但合作一直未中断，成为在学生中颇有影响的品牌项目。此外，学校与大兴区团委的成功合作也是基于互助共赢，学校周边社区得到了大学生的志愿服务，而学生得到了就近开展实践活动的便利。

2. 课堂理论教学与课外实践育人无缝衔接

长期以来，课堂内的思政理论教学与课外实践教学相互脱节，思政理论课教师对学生实践缺乏指导，学生实践优秀成果未能在课堂上展示。为此，我们开展了课内外对接的机制创新，通过课内教学指导课外实践，以课外实践成果进课堂展示反哺课内教学。

第一，课内理论教学指导学生课外实践。思政课配套实践纳入课程大纲，纳入教学过程和考核。通过制定和发布《实践教学学生手册》，明确学生的实践任务和要求，任课教师在开展理论教学的整个学期对学生实践予以全程指导，及时反馈和督促学生，确保实践教学的质量，对优秀实践成果的总结与课堂展示等予以重点指导。

第二，课外实践反哺课内教学。学生的实践成果择优引进课堂展示，达到促进课程理论教学的目的。将学生参与“万里行”的优秀实践成果和大学生微电影在课堂上展示交流，大批学生在聆听和交流中受到感动和熏染，起到了“课外实践课内香”的效果，实践教学反哺理论课堂，仅“万里行”活动成果展示受益学生累计就超过万人。

三、实践活动有基地

建设稳定的实践教学基地有助于提高教学实效，降低运行成本。我们在探索实践教学协同育人机制的过程中，深切体会到实践基地建设的重要性。品牌性实践活动的组织、协同育人机制的创建和实践教学基地的建设之间相辅相成、相互促进。根据思政课实践教学不同环节或模块的不同需要，我们重点建设了学校周边社区志愿服务基地、“中国好人网”、密云水库展示展览中心、大兴区小黑垡村、北京经济开发区区史馆、大兴留民营生态农场、中国电影博物馆等大学生实践活动基地。

1. 就近与政府部门合作共建校外实践基地

为了方便学生大面积就近开展实践活动，我们重点在北京建设了一批实践基地。与大兴区团委合作，在学校周边建设了社区志愿服务活动基地，极大地方便学生就近实践；与北京市密云区委合作，将密云水库展示展览中心建设成为生态文明和艰苦创业的教育基地，200多名学生前往参观并开展植树活动；将位于大兴区的小黑垡村作为新时代乡村振兴、乡村治理以及乡村党建的先进典型，建设成为大学生德育基地；将北京经济技术开发区区史馆建设成为实践教学基地，成为学生了解北京市经济社会发展和改革创新的重要窗口。

2. 择优与公益组织合作共建校外德育实践基地

“中国好人网”是一家民间公益组织，致力于帮助有困难的好人，通过社会公益活动支撑起“好人好报”的朴素理念，成立以来做了大量的公益活动，产生了广泛的社会影响。他们的帮扶对象都是曾作出巨大贡献的好人，被帮扶对象的先进事迹和“万里行”帮扶活动本身都深具德育价值。我们将“中国好人网”建设成为校外德育基地，通过合办“万里行”活动推进实践基地建设，提升合作水平。8年来，每年申请参加该活动的学生大大超出活动实际所需人数，受到了学生的热烈欢迎。

3. 就地将校园生活场域建设成为德育实践基地

大学校园是高校人才培养的第二课堂，是生活德育的实践场。我们与学校学工部和团委合作开展系列活动，相当于将大学校园生活舞台建设成为校内德育基地。

四、实践育人有成效

1. 实践教学实效明显改善，学生受益面大幅提高

第一，实践教学实效明显改善。思政课实践教学改革取得了良好的育人成效。通过实践活动，学生的写作和演说能力、道德修养和精神境界都得到提高，一批批优秀学生脱颖而出。仅以参加“万里行”活动的学生为例，他们深受感染和教育之后进步很大，获得了包括国家级、省部级在内的社会实践类奖项30余项，多名学生获得学校学生最高荣誉“十佳学生”称号。参加其他各类实践活动的学生获得了首都高校思政课学生社会实践论文比赛、全国高校大学生讲思政课比赛（北京赛区）一、二、三等奖10余项。参与实践的学生的集体观念、团队意识和奉献精神都得到增强，学生入党积极分子和党员的比例不断提升。

第二，学生受益面大幅提高。通过前述的多项举措，包括实践优秀成果的课堂展示和二次传播、德育基地就近建设方便实践以及面上实践项目拉长时间和全学期指导反馈等，学生受益面大幅提高。例如，“万里行”品牌活动直接受益学生超过200人，间接受益学生也超过万人；新生演讲比赛全体学生受益，其他实践项目受益人数累计也超过万人。

2. 教改经验影响不断扩大，发挥了良好的示范效应

学校思政课实践教学改革持续多年，协同育人模式创新的阶段性和最终成果先后于2013年和2019年获得学校优秀教学成果二等奖和一等奖。

学生参与“万里行”实践活动受到多家媒体的关注。2019 年 6 月 18 日，《光明日报》刊登了活动照片；8 月 22 日，《北京日报》对该教改经验进行了专题报道；8 月 24 日，“学习强国”学习平台全文转载了该报道。相关教改经验曾在北京高校基础课学术年会和全国高校第三届“和谐德育”论坛上交流，相关负责教师还受邀到中国农业大学、北京邮电大学、北京工商大学、北京建筑大学、西安石油大学、北京交通职业学院等院校做教改经验交流。

相关教改经验在 2016 年北京市委教育工委组织开展的思政课专项督查中得到专家的充分肯定和认可，督查反馈意见中明确将学校思政课实践教学协同育人机制作为学校思政课建设取得的成效和主要亮点，认为“学校广泛拓展校内外教育资源，建立校内外互利合作的‘基础课’实践教学协同育人机制”。学校“实践教学协同育人模式的构建与实践”入选 2019 年教育部全国优秀马克思主义学院教学方法改革择优推广计划立项支持。

2019 年 3 月 18 日，习近平总书记在学校思想政治理论课教师座谈会上的讲话中指出，马克思主义是在实践中形成并不断发展的，要高度重视思政课的实践性，把思政小课堂同社会大课堂结合起来，在理论和实践的结合中，教育引导学生把人生抱负落实到脚踏实地的实际行动中来。党中央也一直强调要探索实践育人的长效机制，引导大学生走出校门，到基层去，到工农群众中去。我们根据这些精神，在学校党委坚强领导和大力支持下，在思政课实践教学改革中进行了持续探索，也取得了一定成效，但与上级要求还有较大差距，实践育人的改革创新仍在路上。

高校思政课实践教学校内外协同育人的现状与展望

罗道全　陈运辉　初景波　冷文勇　崔子修*

摘　要　针对思政课实践教学校内外协同难、课内外脱节和受益面有限等突出问题，课程组在合作和育人两方面进行了务实创新，通过双向协同的合作机制创新和课内外对接的育人机制创新，最终形成了校内外合作共赢、思政小课堂对接社会大课堂、特色鲜明的协同育人机制，凝结成石化学子“帮好人万里行”、新生演讲比赛和社区志愿服务活动等可持续的品牌性实践活动，实践教学质量显著改善、受益面大幅提高，形成品牌效应，发挥了良好的示范作用。

关键词　高校思政课　实践教学　校内外协同　现状　展望

思想政治理论课承担着对大学生进行系统的马克思主义理论教育的任务，是全面贯彻党的教育方针、落实立德树人根本任务的主渠道和关键课程。思政课的特点是鲜明的实践性，它要求广大学生在学习中坚持知行合一，在学好马克思主义理论的同时，联系自己的思想、学习和生活实际，身体力行，努力把理论运用于实践。2018 年，习近平总书记在北京大学师

* 罗道全，男，法学硕士，北京石油化工学院马克思主义学院教授，主要研究方向为道德与价值论、高校爱国主义教育。陈运辉，男，经济学硕士，北京石油化工学院马克思主义学院副教授，主要研究方向为社会辩证法、生态文明和思想政治教育。初景波，男，哲学（宗教学）博士，北京石油化工学院马克思主义学院讲师，主要研究方向为中华优秀传统文化与德育。冷文勇，男，法学博士，北京石油化工学院马克思主义学院副教授，主要研究方向为高校思想政治教育。崔子修，男，哲学博士，北京石油化工学院马克思主义学院讲师，主要研究方向为应用伦理。

生座谈会的讲话中要求广大青年学生要力行，知行合一，做实干家。[1]中宣部、教育部《关于进一步加强和改进高等学校思想政治理论课的意见》中提出，高校思想政治理论课要加强实践教学，通过形式多样的实践教学活动，提高学生思想政治素质和观察分析社会现象的能力，深化教育教学效果。

思政课作为实践性很强的课程，理论教学的所有教学理念只有通过实践，才能转变为学生具体的实际行动。因此，实践教学是巩固课堂理论教学最切实有效的途径。作为重要育人环节的思政课实践教学是一个复杂的系统工程，涉及方方面面，需要校内外各方面的协同配合才行，光靠思政课教师单打独斗是不可能完成的，必须广泛拓展校内外教育资源，建立校内外互利合作的实践教学协同育人机制。

多年来，我们采取系列措施，以思想政治理论课为依托，整体设计和开展实践教学，学校思想政治理论课教学部门与学工、教务、团委等部门，学校与属地共青团组织、社会公益组织开展互利合作，搭建学生实践平台，在教师的指导下，学生以个人或项目组形式开展课外实践活动，通过建立校内外互利合作的协同育人机制，形成了理论与实践相互融通、课内外紧密结合、校内外互利合作、具有鲜明合作教育特色的思政课实践育人机制，形成石化学子“帮好人万里行”、新生演讲比赛等若干品牌性活动，入选教育部高校思想政治理论课教学方法改革项目择优推广计划，取得良好的教学效果。

一、高校思政课实践教学的现状

1. 校内协同工作力度不够

高校思想政治工作是一个浩大的系统工程，思政课教师、学生工作人

---

[1] 习近平．在北京大学师生座谈会上的讲话［EB/OL］．（2018-05-03）［2020-12-12］．http://www.gov.cn/xinwen/2018-05/03/content_5287561.htm.

员作为两支主要的大学生思政教育队伍，具有各自的优势和短板，必须相互配合形成合力才能实现作用的最大化。长期以来，两支队伍在工作实践中各自为政、协同配合不够，导致高校思想政治教育工作效果不佳。

2. 校内外有效协同不够

参加社会实践是高校立德树人的重要途径。长期以来，作为高校思政课重要一环的社会实践流于形式，重要原因就在于社会参与高校思政课实践育人的积极性不高，校内外协同不足，缺乏互助共赢的深度合作基础和行之有效的机制保障。

3. 思政课实践教学全面开展难度大

一直以来，由于缺乏工作量计算等相应的保障机制，加之校外实践安全风险大，导致高校思政课教师不愿带学生参加校外实践活动，致使大多数高校存在覆盖全体学生难、集中组织实施难、教师组织大规模社会实践积极性调动难等问题。

4. 思政课课内教学与课外实践脱节

传统实践活动总结流于应付，未能起到服务课堂教学的作用，课外精品实践活动的教育价值在思政课堂内二次发掘的力度不够，未能使更多的学生受益。

二、校内外互利合作的协同育人机制在思政课实践教学中的构建

1. 在教学计划制订上实现校内协同和校内外协同

在教学计划制订上，思政课所在单位马克思主义学院加强与教务处、团委、学生处等部门的协同。

首先，获得教务处的支持，开展思政课实践教学的改革，把理论学时与实践学时按照 2 ∶ 1 的比例加以确定。编辑出版《思政课实践教学学生手册》，人手一册。实践内容分为必做内容和自选内容。学生必须完成的任务量为 2+x（x ≥ 2），即必做 2 项加自选 x 项。实践部分的成绩占思政

课总成绩的40%。

其次，为了在教学计划上加强校内协同，马克思主义学院与学校学生处、团委等部门深入沟通协调。把《思政课实践教学学生手册》中的有关项目与学生处、团委开展的“新生引航工程”等活动有机融合，新生演讲比赛、志愿服务活动等既是《思政课实践教学学生手册》规定的项目，也是学生处、团委“新生引航工程”的内容。这样，对学生而言，做一项活动可以完成多个部门的任务，得到多重认可，“一举多得”，减少了重复劳动，节省了时间，也提高了实践活动的效果，受到了学生的欢迎。

2. 优势互补，思政课实践活动校内协同有效开展

新生演讲比赛是《思政课实践教学学生手册》中规定的每个学生必须参加的必做项目，是我校“基础课”实践教学活动的品牌项目，也是校内不同部门间协作组织开展实践活动的典范。这个活动由马克思主义学院、校团委联合举办，马克思主义学院思想道德修养与法律基础教研室、校学生会联合承办，自2005年开始举办以来，已成功举办了15届。马克思主义学院、校团委把新生演讲比赛列入每年工作计划之中，给予明确经费预算，每年下发比赛通知都由马克思主义学院、校团委联合发文。这个活动的宗旨是加强新生的自我教育，展示新生风采。该活动的特点之一是与思想道德修养与法律基础课相结合开展：通过课程将同学分成若干小组，每位同学准备演讲稿并演讲，组内选拔后在教学班内比赛，最后每个教学班上推荐2—3名选手参加学校的预决赛。每一位进入全校预决赛的选手，都有一名思政课老师担任指导教师。新生演讲比赛的全校预决赛，由校团委领导及马克思主义学院、各二级学院主管学生工作的副书记、思政课老师担任比赛专家评委，思政课老师担任演讲点评专家。在整个校内协作中，充分体现了优势互补、互利共赢的原则。校团委与思政课老师合作，在组织学生活动方面有了更多的抓手，而与校团委合作，思政课老师则可以摆脱举办大型活动时众多费时、费力的事务性、程序性工作。思政课老师组织大型活动的精力和能力均力不从心，而校团委、学生会则轻车熟路；学生工作人员在深入指导学生演讲方面力有不逮，而思政课老师则驾

轻就熟。

3. 广泛利用校外资源，开展互利共赢的校内外协同实践活动

首先，积极开展学校与社会之间的互利合作，学校与“中国好人网”等公益性社会组织，同密云水库、中国电影博物馆、大兴区团委、大兴区志愿服务联合会开展深度合作，与清源社区等周边社区开展广泛合作，洽商好合作内容以及对接和管理方式，将其建设成为稳定的校外思政课实践教学基地；学校在同合作单位合作时，注重彼此满足对方需求，实现互利共赢，学校制订好实践方案和有效对接方式，学生带着课内布置的社会实践任务，经一定的管理程序——按项目要求，经遴选并培训，然后到合作单位开展志愿服务等社会实践活动。与大兴区法院、检察院的合作也是别具特色的。大兴区法院、检察院选拔法官、检察官来学校的思政课堂给大学生讲课，作为实践教学内容的组成部分，学校选派学生到法院、检察院做志愿者，到法院旁听庭审，接受法治教育。双方的合作是互利而且富有成效的。

在与校外单位合作过程中，满足了属地团委、相关社会组织等急需志愿服务（者）的要求，满足了学校加强大学生思政课实践教学的要求；校内外合作满足了学生有实践活动任务要完成，思政理论课教学需要实践平台的各自需求。基于互利共赢建立起了长期合作关系，建立了若干校外思政课实践教学基地，形成了合作育人的长效机制。

三、思政课实践教学校内外协同育人机制的特色与成效

1. 基于互利共赢的目的，形成了协同育人的长效机制

面对社会参与大学思政课实践育人的积极性不高，缺乏有效的管理运行机制的难题，课题组迎难而上，广泛选择校外合作单位，积极探索互利共赢的合作育人长效机制。如将“中国好人网”建成校外思政课教育基地的合作就是互利合作的典范。作为著名的民间公益性组织的“中国好人网”在到各地帮助好人的过程中，面临人手短缺、当地情况不明的困境，

急需熟悉当地情况的志愿者为其服务，同时也希望在育人上有所作为，传递其好人文化理念，实现自身价值的最大化；而高校在提供高素质志愿者方面有得天独厚的优势，学校选拔优秀学生作为志愿者为其提供服务，既解了“中国好人网”的燃眉之急，同时，由“中国好人网”的教师带队指导，策划组织并提供资源，节省了学校的实践成本，因此，双方的合作是互惠互利的。学校与大兴区团委在志愿服务方面的合作也是如此，学校长期为大兴区团委管理的多家志愿服务组织提供大学生志愿者，开展了富有成效的合作。

2. 以点带面，部分学生参与的高端品牌项目与学生大面积参与的就近面上项目相结合

思政课教学活动覆盖全体学生，组织指导课外实践活动全员参与、人员众多，思政课老师在指导课外实践活动方面要想全面开花有点勉为其难，只能是选择部分项目，老师全程参加，做成高端品牌性项目，发挥其示范和引领作用。比如，马克思主义学院与校团委、学生处、教务处联合，连续8年组织大学生志愿者参加“帮好人万里行”志愿服务活动。每年6月，马克思主义学院与校团委、学生处、教务处联合在校园网上发布活动通知，学校党委副书记、副校长任活动领导小组组长，思政课老师（包括担任思政课兼职老师的二级学院学生辅导员）全程参与，全校先后有200多名学生直接参与，而受益的学生达10000多人次，充分发挥了示范和引领作用。马克思主义学院与校团委合作的新生演讲比赛，利用思政课课堂，组织指导与遴选推荐优秀学生参赛，也是以点带面的典范。

3. 课外实践活动成果辐射课内教学，最大限度地扩大受益面

比如，“帮好人万里行”志愿服务活动，先后有200多名学生直接参加，按省分成若干小组，每年暑期活动结束后每个小组将活动情况制作成PPT在新学期的大一新生思政课课堂上汇报，并举办面向全校新生的专场汇报，受益的学生达10000多人次。通过汇报交流，不仅参加实践活动的同学深受教育，能力得到较大提高，而且更多的未参加实践活动的同学在聆听和交流过程中受到感染和教育，从而实现了实践活动教育价值的最大

化。另外，发动全体学生结合自身情况就近就地参加“感动青春”等其他志愿服务活动，学生提交参加志愿服务活动的总结或证明，就能获得成绩上的认可，做到了实践活动全员化。

四、思政课实践教学校内外协同育人机制建设成效显著

1. 提高了学生素质能力

新生演讲比赛活动有效提升了学生的写作能力和演说能力。“帮好人万里行”的同学们实地调研好人好事，宣传好人好事，帮助有困难的好人。这一活动培养了学生的家国情怀和责任意识，提高了道德修养和精神境界，增强了集体观念和团队意识。8 年来，参加教改实践的同学获得了包括国家级、省部级在内的社会实践奖项 30 余项，多名同学获得校内最高荣誉——“十佳学生”称号。

2. 形成了广泛的受益面

本改革方案在全校 8 届学生中实行。新生演讲比赛覆盖全体一年级本科生。“帮好人万里行”活动共计有 200 多名学生参加了一线的实践活动，这些同学回校后通过 PPT 的形式在思政课堂上向大一新生作报告，引起了课上同学的强烈共鸣。8 年来，“帮好人万里行”活动受益面超过 10000 人。一批积极参与品牌性实践项目的学生骨干脱颖而出，成为社会实践的带头人和能手。参与高端实践活动的少量积极分子本人受益、在生活中带动一片，协同合作互利共赢的实践育人机制改革，降低了组织实践教学的管理成本，间接扩大了学生受益面。校内协同以及与周边社区协同的实践育人活动，提高了理论课教学的针对性，丰富了思政课教学的组织形式和教学内涵，显著提高了思政课教学的实效。具体来说，仅从“帮好人万里行”这一项活动来看，其影响是多元的，参与活动的志愿者受教育，普通学生受感染，好人受帮助，教师受启发，学校受关注。通过思政课实践教学的校内外协同，思政课教学实现思政课理论教学与实践教学全过程结合，形成课内外双向延伸对接机制。思政课教育正在逐步向学思用贯通、知情意

行合一的目标迈进。

3. 提升了教师的教学科研水平

团队成员获评北京市优秀教师、北京市青年教学名师、北京市高校思政课特级教授、北京市高校思政课特级教师等称号，北京市高校思政课教学基本功比赛一等奖、首届北京市思政课微课教学比赛一等奖等奖项。以本教改为内容的成果“大学生感恩意识的现状、问题及教育对策”获得2011—2012年度首都大学生思想政治教育优秀科研成果三等奖；“必须加强高校的国情教育”获得2013—2014年度首都大学生思想政治教育优秀科研成果二等奖；“合作教育视野中的德育实践教学的探索与实践”获得2014年校级教学成果二等奖；“校内外协同育人机制在思政课实践教学中的构建与实践”获得2020年校级教学成果一等奖。本课题在研究过程中，发表核心期刊教改论文3篇，取得省部级教研课题12项，4名教师晋升高一级专业技术职务。

指导学生连续两届获全国“我心中的思政课”微电影展示活动三等奖，获首都高校思政课学生社会实践论文比赛、“互联网+”创新创业大赛、全国高校大学生讲思政课比赛（北京赛区）一、二、三等奖10余项。

4. 发挥了示范辐射效应

我们的教改经验曾在全国高校第三届“和谐德育”论坛、“北京高校思想道德修养与法律基础课学术年会”上作经验介绍，在多届“全国好人论坛”进行大会交流，受邀到多所高校作专题交流。

在2016年市教工委思政课督查中，以本教改内容作为支撑的《广泛拓展校内外教育资源，建立校内外互利合作的〈思修课〉实践教学协同育人机制》获得专家组认可并被确定为学校思政课的办学特色。《校内外协同育人机制在思政课实践教学中的构建与实践》入选2019年教育部全国优秀马克思主义学院教学方法改革择优推广计划立项支持。

品牌性实践活动“帮好人万里行”受到多家媒体关注。2019年6月18日，《光明日报》刊登了活动照片；8月22日，《北京日报》以《北京石油化工学院：八年爱心长征打造“移动思政课堂”》为题报道了我们的教学改革经验；8 月 24 日，“学习强国”全文转载了这篇报道。

未来，我们将以实施教育部全国优秀马克思主义学院教学方法改革择优推广计划立项课题为契机，进一步在探索整合校内外资源，形成合作德育实践教学机制；制定思政课实践教学风险防范和化解方案；形成调动思政课实践教学协作各方积极性的长效机制；探索思政课实践教学反哺课堂教学实现效益最大化的方案；制定思政课实践教学考核办法等方面取得新的突破。

“知、情、信、意、行”维度的“强化大学生思想入党”内涵探析*

李先锋**

摘　要　组织入党一生一次，思想入党一生一世。思想入党是个历久弥新而又重大的课题，新时期针对在校大学生提出强化思想入党的要求，不仅是落实全面从严治党的重要举措，也是事关党的事业的战略工程，更是我们每一所中国特色社会主义大学不可推卸的使命职责。什么是“思想入党”？可从“知、情、信、意、行”五个方面的维度对大学生思想入党的内涵和标准进行探析。

关键词　知情信意行　维度　强化　大学生　思想入党

一、问题的提出

注重并不断加强党的思想建设，是中国共产党百年发展的一条宝贵经验。在中国共产党的发展历史中，思想入党的命题最早是毛泽东同志在1928年12月古田会议上针对当时红军内部各种非无产阶级思想的影响

---

* 本文系北京市委教育工委2015年度党建难点项目支持计划“强化大学生思想入党”项目阶段性成果，曾发表于《内蒙古师范大学学报（教育科学版）》2017年第7期，收入本书时略有修改。

** 李先锋，女，北京石油化工学院马克思主义学院教授，主要研究方向为马克思主义中国化。

提出来的。旨在定位党和军队的思想建设，落实在每个党员和红军战士的思想上，从而使党和党领导的红军凸显服务人民的特性。此后在延安文艺座谈会上的讲话中，毛泽东同志对思想入党予以精准的表述："有许多党员，在组织上入了党，思想上并没有完全入党，甚至完全没有入党。这种思想上没有入党的人，头脑里还装着许多剥削阶级的脏东西，根本不知道什么是共产主义，什么是党。"❶改革开放以来，中国共产党根据新的时代条件和实践要求，紧紧围绕建设什么样的党、怎样建设党这一主题，不断推进党的建设。邓小平在重点思考和解决"什么是社会主义，怎样建设社会主义"这一重要命题的同时，也思考了执政党建设的问题。"执政党应该是一个什么样的党，执政党的党员应该怎样才合格，党怎样才叫善于领导。"❷"三个代表"重要思想为进一步推进党的建设指明了前进的方向。党的十六届四中全会通过的《中共中央关于加强党的执政能力建设的决定》强调指出，提高党的执政能力，关键在于加强党的建设。党的十八大以来，面对实现"两个一百年"奋斗目标和中国梦的艰巨任务，提出了全面从严治党的新要求。

中国共产党从中华人民共和国成立初期的450万名党员发展到今天已经拥有9000多万名党员，大学生党员人数已超过200多万名。从总体情况来看，大学生党员群体思想积极上进、学习态度端正、工作认真负责、骨干作用发挥明显。具体体现在以下几个方面。一是政治态度鲜明、观点正确。他们坚决拥护中国共产党的领导，拥护社会主义制度，对中国特色社会主义道路自信、理论自信、制度自信、文化自信进一步提升，自觉践行社会主义核心价值观，对实现中华民族伟大复兴的中国梦充满信心。二是主动学习党的基本理论。大部分学生党员对党的章程、基本理论非常了解或比较了解，并认为通过学校思想政治教育、参加教育培训、自主学习

---

❶ 毛泽东．在延安文艺座谈会上的讲话［M］// 毛泽东选集：第三卷．北京：人民出版社，1991：875.

❷ 邓小平．坚持党的路线，改进工作方法［M］// 邓小平文选：第二卷．北京：人民出版社，1994：276.

等多渠道的理论学习教育养成，自己的政治理论水平得到了提高并形成了正确的世界观、人生观、价值观。三是能够积极发挥党员的模范带头作用。大部分学生党员认为入党后，对自己的要求更加严格，在各个方面起模范带头作用。

与此同时，大学生党员群体中也存在一些不容忽视的问题。一是部分学生党员理想信念不够坚定，在入党动机上存在功利主义和实用主义的倾向。有的学生党员认为在评奖评优、就业和未来职业前途方面能得到一些好处。二是党的政治理论素养还较为缺乏。部分学生党员表现出对党的基本理论知识学习掌握得不够深入和系统。三是践行“为人民服务”的宗旨树立得不够牢固。部分学生党员缺乏宗旨意识，缺少服从大局、服务集体的精神；有的学生党员片面追求个人利益和个人价值的最大实现，要待遇多，讲奉献少；个别学生党员组织纪律观念较差，执行党组织的决定不够自觉；个别学生党员党员身份意识还较为淡漠；部分学生党员入党后没有形成“我是党员，我应更加优秀”的思想，放松对自己的要求。

针对新时期大学生的特点，在做好大学生组织入党的同时，更应该进一步强化大学生的思想入党。

二、强化大学生思想入党的内涵

什么是大学生的思想入党？大学生思想入党内涵丰富，就其基本内容来说，可以概括为知、情、信、意、行五个维度。

1.“知”——强化大学生思想入党的前提

“知”就是使大学生对中国共产党的历史、相关理论与政策的熟悉、理解和接纳，对马克思列宁主义、毛泽东思想和中国特色社会主义理论体系的学习成为自觉，不断用马克思主义的最新理论成果武装自己。实现理论认同，解决“姓马”的问题，是强化大学生思想入党的前提。

共产党人对马克思主义的信仰不是盲目的、虚幻的，而是建立在对马克思主义科学认识基础上的。在校大学生正处在世界观、人生观和价值观成熟的关键时期。要充分发挥高校思想政治课主渠道的作用，坚持用马克思主义中国化的最新理论成果武装大学生，使大学生深刻理解马克思主义在意识形态领域的指导地位，是由马克思主义理论自身的科学性、正确性和权威性所决定的，是由马克思主义成功指导了中国革命、建设和改革的实践所决定的。在此基础上，深刻理解发展21世纪中国的马克思主义是中国共产党在新的历史条件下对坚持和发展马克思主义提出的新要求和新目标，进而坚定马克思主义的理论内容具有不可磨灭的时代价值，坚定中国特色社会主义理论体系是引导中国实现中华民族伟大复兴和中国特色社会主义共同理想的科学理论的“理论自信”。

通过专题教育进一步深化大学生对党的基本知识的理解，深化对一些重点、难点问题的理解，不断提高大学生的理论水平，提高分析问题解决问题的能力，自觉抵制错误思想和思潮的负面影响，使大学生的主观世界通过理论修养的提高不断得到改造。

2.“情”——强化大学生思想入党的基础

“情”是指对党的真挚情感，即热爱党，热爱祖国，热爱社会主义，拥护党的路线方针政策，认同中国特色社会主义理论，充分信赖以习近平同志为核心的党中央，对坚持走中国特色社会主义道路、实现全面建成小康社会的目标充满信心。实现情感认同，是强化大学生思想入党的基础。

以“00后”为主体的在校大学生思想政治状况总体来说是积极的、健康的、向上的。但由于我国正处在社会发展的转型时期，人们的价值取向出现了由单一向多元转变的趋势，原有的价值判断和道德标准受到挑战和质疑，一些人的思想观念和情感出现了困惑、迷茫、盲从。对于正处在世界观、人生观、价值观形成重要阶段的在校大学生的价值取向也会产生一定的负面影响。

为此，就需要在理论认同的基础上，让大学生通过各种途径深刻了解新中国成立以来特别是改革开放以来我国建设和改革取得的巨大成就，进而深刻体会“只有社会主义才能救中国，只有社会主义才能发展中国”，坚定全面建成小康社会的发展目标，坚定走中国特色社会主义道路的信心。

3.“信”——强化大学生思想入党的核心

“信”是指发自内心地对党的真诚信仰和共产主义事业的坚定信念。即用党的理想信念和真理改造自己的主观世界，达到具有马克思主义信仰，共产主义觉悟和中国特色社会主义信念，讲政治有信念。解决信“马”的问题。姓“马”容易，信“马”不易。实现信仰认同，是强化大学生思想入党的核心。

理想信念是共产党人的灵魂和方向，是共产党人最重要的党性，“理想信念就是共产党人精神上的钙”。“理想信念动摇是最危险的动摇，理想信念滑坡是最危险的滑坡。一个政党的衰落，往往从理想信念的丧失开始。”❶

坚定理想信念，就是要以正确的世界观、人生观、价值观来坚定理想信念。坚定理想信念，就是要对党忠诚、对党负责，在党言党、在党为党、在党忧党，而不是党是党、我是我。信仰是行为原则、理想追求、价值目标。共产主义理想是党的最高理想和最终目标。作为社会形态的共产主义，是社会主义社会发展的高级阶段，是生产力高度发展、物质产品和精神产品极大丰富的阶段，需要一代又一代人的努力。

强化大学生的思想入党，就是使大学生坚信马克思主义关于人类必然走向共产主义这一基本原理，但实现共产主义是一个长过程。坚定共产主义的理想信念，就是既要正确认识中国特色社会主义在其发展过程中面临的各种艰难险阻，又要看到中国特色社会主义建设过程中所取得的辉煌成就；更应该看到党的十八大以来，以习近平同志为核心的党中央在坚持四项基本原则的前提下，从“一切为了人民，一切使人民幸福满意”的立场出发，通过深化改革不断实现社会主义的自我完善。

4.“意”——强化大学生思想入党的保障

“意”是指党员意识。包括：引导党员强化政治意识，保持政治本色

---

❶ 习近平．在庆祝中国共产党成立 95 周年大会上的讲话［N］．人民日报，2016-07-02.

和政治定力，同党中央保持高度一致；自觉抵制错误思想和思潮的影响；强化党的观念，进一步增强政治意识、大局意识、核心意识、看齐意识，坚定正确的政治方向；绝对忠诚于组织，进党的门听党的话，树立讲规矩有纪律的党员意识。实现意识认同，是强化大学生思想入党的保障。

毛泽东在1948年曾指出，“加强纪律性，革命无不胜”。[1]邓小平指出：“我们这么大一个国家，怎样才能团结起来、组织起来呢？一靠理想，二靠纪律。组织起来就有力量。没有理想，没有纪律，就会像旧中国那样一盘散沙，那我们的革命怎么能够成功？我们的建设怎么能够成功？”[2]习近平指出，“我们这么大一个政党，靠什么来管好自己的队伍？靠什么来战胜风险挑战？除了正确理论和路线方针政策外，必须靠严明规范和纪律”。[3]可见，无论是革命战争年代，还是社会主义建设、改革和发展时期，意志坚定、纪律严明始终是党的光荣传统和独特优势。

在新时期中国共产党面临着执政考验、改革开放考验、市场经济考验、外部环境考验和精神懈怠的危险、能力不足的危险、脱离群众的危险、消极腐败的危险的背景下，更要强化大学生的党员意识，用党员标准严格要求自己，用政治纪律规范党员行为。

5.“行”——强化大学生思想入党的关键

“行”是指发挥先锋模范作用的实际行动，做讲奉献有作为的合格党员。思想入党的终极目标就是外化为实际的行动，实现客观行为与思想意识的高度一致。实现行为认同并努力践行，是强化大学生思想入党的关键。包括：在大是大非面前有坚定的政治立场；在关键时刻挺身而出；在日常的学习工作和生活中严格用党员标准要求自己并起模范带头作用；用自己的实际行动影响和引领更多青年。

---

[1] 毛泽东．再有一年时间即可从根本上打倒国民党［M］//毛泽东文集（第五卷）．北京：人民出版社，1996：194.

[2] 邓小平．一靠理想二靠纪律才能团结起来［M］//邓小平文选：第三卷．北京：人民出版社，1994：111.

[3] 习近平．习近平关于严明党的纪律和规矩论述摘编［M］．北京：中央文献出版社，2016：5.

中国特色社会主义事业是一项开创性的伟大事业，没有现成的经验可以遵循，也不可避免地会遇到许多难以预料和想象的困难和风险。通过社会实践，使大学生在切实体验和感受改革开放引起的社会深刻变化的同时，也能客观理性地分析这一变化过程中面临的问题和重大挑战。认识到我国仍处于并将长期处于社会主义初级阶段的基本国情没有变，人民日益增长的物质文化需要同落后的社会生产之间的矛盾这一社会主要矛盾没有变，我国是世界上最大的发展中国家的国际地位没有变，从而增强实现中华民族伟大复兴的使命感和责任感。

三、结论

建设中国特色社会主义任重道远，需要一代又一代人的努力。在校大学生是中国特色社会主义伟大事业的持续力量，要紧紧抓住大学生世界观、价值观、人生观养成的重要时期，通过我们的教育和正确引导，培养大学生对党认识更正确，爱党、爱社会主义情怀更深厚，共产主义信仰更坚定，党员意识更强烈，先锋模范作用发挥更充分；使大学生党员讲政治有信念，讲规矩有纪律，讲道德有品行，讲奉献有作为，成为中国特色社会主义建设事业的合格接班人。

“思想入党”是个重大而历久弥新的命题，也是每个党员面临的终身课题。今天我们再提“强化”大学生的思想入党，就是要不忘初心，继续前进。为此，就要不断提高马克思主义思想觉悟和理论水平，自觉抵制错误思潮的影响，始终坚持中国特色社会主义的道路自信、理论自信、制度自信、文化自信；坚定共产主义远大理想和中国特色社会主义共同理想，成为自己不断前行的动力；始终用党章、党规严格规范自己的行为；始终用实际行动做到对党忠诚、为党分忧、为党担责、为党尽责。

强化大学生思想入党的要求，不仅是落实全面从严治党的重要举措，也是事关党的事业的战略工程，更是我们每一所中国特色社会主义大学不能推卸的使命职责。青年是祖国的未来，民族的希望，也是我们党的未来和希望。中国共产党是中国工人阶级的先锋队，同时是中国人民和中华民族的先锋队。大学生党员是中国共产党中富有活力的年轻群体，是中国特色社会主义伟大事业的持续力量。强化大学生思想入党不仅对于目前我们培养信仰坚定的高素质党员和青年马克思主义者有重要的现实意义，而且对于确保中国特色社会主义事业兴旺发达、培养合格接班人具有重大而深远的意义。

协同推进思政课改革创新的实践与成效

张　祥　李　齐*

摘　要　北京石油化工学院历来把思想政治理论课建设放在重要地位。2016年以来，学校党委坚持立德树人，持续多措并举，建设起一支专职为主、专兼结合、数量充足、素质优良的思政课教师队伍，形成了一般工科院校协同推进思想政治理论课建设的“大思政”模式，有力地支撑了“三全育人”工作，为培养新时代社会主义建设者和接班人作出了有益探索。

关键词　思政课　教师队伍　“大思政”

一、背景

2016年12月全国高校思想政治工作会议以来，为了落实立德树人根本任务，整合各种资源实现全员全过程全方位育人，构筑“大思政”格局，成为许多高校思想政治工作的重要研究内容之一。

随着国家和北京市对思想政治工作的不断重视与加强，类似北京石油化工学院这样的中等规模一般普通高等工科院校如何应对日益紧张的人力

* 张祥，男，政治学硕士，北京石油化工学院马克思主义学院高级政工师，主要从事思想政治工作实践与研究。李齐，男，石油与天然气工程硕士，北京石油化工学院马克思主义学院办公室主任，主要研究方向为思想政治教育与党建。

成本增长压力，统筹各类人才队伍，以及总体优化思想政治工作队伍，形成全员全过程全方位育人的“大思政”格局，是各校党委面临的一个十分重要的课题。目前普遍存在的主要问题是，一方面，按照上级的各种指标要求（如专职思政课教师与学生比不低于1 ∶ 350，辅导员与学生比不低于1 ∶ 200等），各学校均难以达到，存在较大缺口；另一方面，围绕人才培养这个根本任务，顶层设计不够，思想政治工作队伍之间“整体大于部分之和”的目标没有达到，课内与课外的教育没有形成合力。

高度重视思想政治理论课教师在育人中的关键作用，是北京石油化工学院的一个优良传统。为深入贯彻落实习近平总书记关于教育的重要论述特别是2019年学校思想政治理论课教师座谈会上的重要讲话精神，贯彻落实《关于深化新时代学校思想政治理论课改革创新的若干意见》等文件要求，学校党委围绕解决好“培养什么人、怎样培养人、为谁培养人”这个根本问题，以培养“习近平新时代中国特色社会主义思想传播者和研究者”为总目标，坚持把加强和改进思想政治理论课教师队伍建设与落实立德树人根本任务相结合、与提高人才培养质量相结合、与推动“三全育人”相结合，聚焦解决思想政治理论课教师队伍数量和质量问题，统筹谋划、精准施策，着力打好思想政治理论课改革创新的攻坚战。

二、主要做法

1. 专门政策措施强化专职教师队伍建设

一是加强工作领导。学校主要领导经常通过多渠道深入了解思政课队伍建设存在的困难和问题。党委书记刘颖到校任职后第一个调研的院系就是马克思主义学院并带头走上思政课讲台，带头到马院开展现场办公；原副书记、校长蒋毅坚来校工作后首先听遍所有思政老师的课，多次深入马院调查研究，解决实际困难；分管思政课建设的党委副书记直接参与教师引进、教学改革、学科建设等各项具体工作；其他学校领导也与思政课教师结对子，参加集体备课和课程讲授。

二是注重规划和激励。根据北京市教育工委关于思政课教师队伍建设规划，学校制定了《北京石油化工学院思想政治理论课教师队伍建设规划（2018—2022）》，对今后五年在岗的专任教师数量作了明确要求，根据师资变动情况制订了年度引进计划并严格执行，确保每年在岗的专任教师不少于18人。同时，学校制定了《北京石油化工学院思想政治理论课教师职务晋升聘任办法（试行）》，自2017年以来实行“单列指标、单设标准、单独评审”政策。

三是做好政策保障。学校设立了思政课教师专项基金，在督促思政课教师参加北京市教工委举办的各种培训的基础上，先后推动马院参加“北京高校中国特色社会主义理论研究协同创新中心（北京工业大学）”，成立“京南大学联盟马院共同体”，加强教师学术交流；借助“扎根大兴、服务北京”校地合作平台，为思政课教师了解社会、服务社会提供了实践基地；学校内部的“以学生为中心的培训班”、党员参加暑期社会实践活动班等都优先保证思政课专职教师的需求；学校按照上级要求及时为一线专职思想政治理论课教师发放补贴，在加强马克思主义学院建设、推荐北京市优秀教师、改善办公条件等方面也给予了适当倾斜。

2. 统筹校内外资源做实兼职教师队伍

一是校领导班子成员带头参与思政课讲授。在坚持主要领导带头上思政课的基础上，结合“不忘初心，牢记使命”主题教育，学校党委出台了《加强新时代“形势与政策”课建设实施方案》，明确了领导班子成员与思政课教师同备课、同上课、同听课、同研讨、同交流的“五同”工作机制，参与思政课讲授（重点讲授形势政策课），其中党委书记和校长每学期至少讲授4学时，其他领导每学期至少讲授2学时。现在学校领导听思政课、讲思政课已经成为制度化、规范化、常态化，与思政课教师的交流也日常化、经常化。

二是积极挖掘校内资源。学校出台《北京石油化工学院辅导员系列教师职务晋升聘任办法（试行）》，鼓励优秀学生工作人员参与思政课教学；鼓励机关党务干部、二级单位党政负责人等参与思政课教育教学工作，校内兼职教师重点参与“思想道德修养与法律基础”“国情调研与实践”“形势与政策”等课程的建设，逐步形成了思政课教师担任学生辅导员、从优秀辅导员和党务工作者队伍中选拔思政课教师等相互交流、多岗位培养的机制。

三是充分利用校外资源。学校注重加强校外思政师资的储备和使用，分层建立特聘教授专家库，坚持高标准从校外聘请党政领导干部、社科理论界专家、企事业单位负责人、各行业先进模范等参与思政课教学工作。

3. 协同推进课程建设和教学创新

围绕学校人才培养定位和打造新时代首善之区工程师摇篮的目标，结合“北京高校思想政治理论课教育教学改革示范点”建设，学校遵循思想政治工作规律、学生成长成才规律、教书育人规律，按照系统设计原则，以学生为中心，根据专业培养目标、不同年级学生特点，充分发挥各支队伍优势，优化思政课授课方式方法，分类推动思政课改革创新。

（1）积极开展理论教学改革。为了将“马克思主义基本原理”课程的教学目标、教学内容、教学方法、考核方式与评价量表等教学设计具体化，并在教学过程中实践“以学生为中心”的基本原则，结合北京市教委“扬帆计划”，制定了《马克思主义基本原理概论课程学习手册》，进行了改革尝试。《毛泽东思想和中国特色社会主义理论体系概论》获得北京市教工委支持，自 2018 年秋季学期以来进行了《基于“对分课堂”的高校思政课教学改革模式探索——以“概论”课为例》的教学改革。

（2）大力弘扬实践育人传统。“崇尚实践，知行并重，坚持走实践育人之路”，是我校建校以来针对培养应用型人才的目标而逐步形成的办学特色。从 2018 年版培养方案入手，适当加大了实践教学的学分比重。“思想道德与法治”（原“思想道德修养与法律基础”）课程借助一线学生工作人员力量，自 2006 年以来探索“2+1”的改革试点，即课堂讲授 32 学时，课下 16 学时任课教师组织学生开展志愿服务、新生演讲比赛、开展社会实践活动等，与新生引航工程有机融合，通过学生实践手册实现教学目的，保证教学效果，为新生走好大学第一步奠定坚实的基础。“中国近现代史纲要”课程结合以学生为中心的教学改革校级重点课题，在部分学生中进行了“以学生为中心的中国近现代史纲要课实践教学资源建设研究”改革试点。“国情调研与实践”课程制定了具体的实践大纲要求，进一步推动思政课实践教学与学生社会实践活动相结合，基本实现了方案设计、组织实施、导师配备、资金保障、评比考核等内容一起协商落实的机制。

（3）创新线上线下结合教学模式。2017 年以来，经过 3 年的改革实践，“形势与政策”课程线上与线下相结合、马院与学工部门相配合的教学模式基本形成。线上网课选用北京科技大学国家级精品课“形势与政策”，由马克思主义学院相关负责人维护教学运行；线下专题讲座以“致远大讲堂”为平台，由学生工作部相关负责人组织教学运行，学生所在院系协助开展线上的选课通知和学生学习过程中存在的问题反馈。2021 年起根据北京市新的要求，“形势与政策”课程利用学校领导和校外优质资源，全部实现线下授课，每学期 8 学时，列入课表，进一步推动了改革。结合疫情防控的形势，运用现代网络技术的线上授课模式也在不断改革创新。

（4）协同开发配套思政课程。2018 年以来，围绕专业培养需要，在教务部门的协调下，马克思主义学院和化学工程学院、机械工程学院、信息工程学院共 10 名教师组建了教学团队，给 10 个专业近 640 名学生开设了“工程伦理”校级思政必修课，为今后继续开展思政课教师与专业院系教师共同开发配套思政课程提供了借鉴。2021 年根据工作需要虽然将“工程伦理”课程调整到其他学院授课，但思政课教师仍然积极参与授课，发挥了重要作用。

（5）充分发挥思政课教师在全校党建和思想政治工作中的作用。在组织优势资源参与思政课教学的同时，学校积极推动思想政治理论课教师参与到日常党建和思想政治工作中，逐步形成惯例并在教师考核实施细则中予以政策支持和保证。比如，思政课教师参与学校组织的党课、党的知识竞赛等相对固定的党课教学活动；担任学生支部导师，参与日常的学生支部活动；根据学校党委的统一部署与要求，为全校师生开展集中的辅导报告；等等。

三、基本成效

1.“大思政”工作理念和模式得到上级部门充分肯定

2016年11月，北京市教工委组织对我校思想政治理论课专项督查时，对学校工作予以肯定：“树立‘大思政’理念，统筹推进思政课建设。学校广泛拓展校内外教育资源，建立校内外互利合作的‘思想道德修养与法律基础’实践教学协同育人机制。注重实践教学，第一课堂和第二课堂融合发展。”

2017年11月，北京市在对学校党建与思想政治工作进行评估时，认为学校党委“重视思想政治理论课建设，领导讲党课、听思政课制度落实比较到位。马克思主义学院、校团委、教务处共同开展实践教学，促进了第一课堂和第二课堂有机结合”。

2. 师资队伍不断壮大

经过几年的建设，专职教师队伍实现了数量增加的同时，职称和博士比例同步增加的良好局面，并将随着新教师的引入和“三单政策”的落实得到进一步加强和改善，2名教师获批北京高校思政课特级教师和特级教授，1名教师获得“北京市优秀教师”称号。除了学校领导，学校目前还聘任了稳定长期的10余名兼职思政课教师参与授课。

3. 教学科研工作成效显著

2018年获批“北京高校思想政治理论课教育教学改革示范点”；作为承担北京市级思政课的20所高校之一，开设体现习近平新时代中国特色社会主义思想的实践理论课“坚持人与自然和谐共生”专题。专职教师聚焦主业、“在马言马”，除了完成国家规定的思政类必修课教学，还积极发挥学科优势，开设“中国近现代历史人物选讲”“当代世界经济与政治”等10余门选修课程，丰富了通选课的内容；“十三五”期间获批2个省部级项目和1个国家社科基金项目，出版专著3部，发表论文近20篇。

4. 实践育人效果明显

“校内外协同育人机制在思政课实践教学中的构建与实践”获批

“2019年教育部优秀教学科研团队择优推广计划”，并获得学校教学改革成果一等奖。2019年8月22日《北京日报》以“北京石油化工学院：八年爱心长征打造‘移动思政课堂’”为题，报道了“帮好人万里行”志愿活动的情况；8月24日，中央宣传部“学习强国”平台在《经验典型》栏目中，全文转载了这篇报道。国庆70周年活动中，“思想道德与法治”课程多年坚持和提倡的志愿服务精神得到很好的体现。以学生实践论文《守护碧波绿水，共建美好新生态——雄安新区白洋淀水环境现状调查及对策分析》等为代表的各类学生实践活动成果，获得学校和北京市的奖项。2018年以来，在“我心中的思政课”全国高校大学生微电影展示活动中荣获2个二等奖和2个优秀奖。

四、启示

1. 必须要坚持党委统筹领导

思想政治理论课师资队伍建设涉及面广，是思想政治理论课改革创新的关键。党委必须从全面落实党的教育方针的高度，统筹各方力量，打造“政治要强、情怀要深、思维要新、视野要广、自律要严、人格要正”的高素质思政课师资队伍，为思政课建设提供坚实保证。

2. 必须激发思政队伍的内生动力

要继续改革思政课教师评价机制，坚持以主阵地教育教学为核心工作，强化对思政课教学实绩和思想政治工作实践的基本要求，克服唯文凭、唯论文、“唯帽子”等问题，建立科学的适合思政课教师特点的考评办法。

3. 必须要勇于改革创新

要围绕立德树人这个根本任务，结合本校培养目标，做好顶层设计，从育人理念、培养计划、教育实施等多个环节做好分工，形成合力，实现整体大于部分之和，推动“三全育人”大格局的形成。

论心理弹性与阳光思维

马　驰*

摘　要　心理危机是一种认知情感状态，人们认为某一事件或境遇是个人的资源和应付机制所无法解决的，并导致心理失衡，即构成危机。本研究提出心理弹性的思维基础是多元思维能力，多元思维中那些帮助人们乐观积极面对困境的思考被定义为阳光思维，并探索了六种获得阳光思维的理论框架。

关键词　心理弹性　阳光思维　理性情绪疗法

心理危机是一种认知情感状态，人们认为某一事件或境遇是个人的资源和应付机制所无法解决的，并导致心理失衡，即构成危机。新冠疫情反复肆虐，已经成为民众巨大应激事件，显现出了对民众心理的影响。据世界卫生组织的研究报告，在新冠病毒大流行的第一年，全球焦虑和抑郁患病率大幅增加 25%；[1]北京大学六院院长陆林公布，2021 年中国青少年焦虑、抑郁患者增加了 30%。[2]《柳叶刀》于 2020 年初发表了一篇综述文章，总结了 24 项关于隔离的心理影响，大部分研究报告了消极的心理影响，

* 马驰，女，法学硕士，北京石油化工学院马克思主义学院讲师，主要研究方向为思想政治教育和中国近现代史。

[1] COVID-19 大流行使全球焦虑和抑郁患病率增加 25%［EB/OL］.［2022-03-11］.https：//baijiahao.baidu.com/s？id=1726932406828813092&wfr=spider&for=pc.

[2] 北大六院院长陆林：新冠疫情后，青少年心理疾病患者增加 30%［EB/OL］.［2022-04-11］. https：//baijiahao.baidu.com/s？id=1729801813008835258&wfr=spider&for=pc.

包括创伤后应激症状（post-traumatic stress symptoms）、困惑（confusion）和愤怒（anger）。[1] 重大心理应激下更凸显心理弹性和阳光思维研究的现实意义。本研究提出心理弹性的思维基础是多元思维能力，多元思维中那些帮助人们乐观积极面对困境的思考被定义为阳光思维，并探索了几种获得阳光思维的理论框架。

一、心理弹性的定义及研究进展

心理弹性，英文是 resilience，又翻译为“复原力”“心理韧性”“抗逆力”等。心理弹性是心理学概念，美国心理学会（American Psychological Association，APA）认为心理弹性是个体在经受挫折、创伤、悲痛或应激事件时能自我调节以适应新情况的胜任行为或有效机能。[2]

20 世纪早期，关于儿童的压力与挫折和疾病之间的关系成为专注焦点，主要讨论高压对心理的影响，却忽视部分儿童虽经历了压力、危机等事件仍保持了正常发育。直到在 20 世纪 70 年代迈克尔·罗特（Michael Rutter）通过母爱剥夺实验对此提出质疑。[3] 美国学者安东尼（Anthony）对 24 名父母为精神病患的青少年进行追踪研究发现，其中约 2/3 的青少年成年后发展稳定、正常。这引发了学者的关注与讨论，安东尼就把青少年身处高压下却可以较好地适应环境的能力定义为心理弹性。[4] 关于心理弹性的研究早期主要集中在适应能力强的儿童身上，强调其个人特质。后来，

---

[1] BROOKS S K，WEBSTER R K，SMITH L E，et al. The Psychological Impact of Quarantine and How to Reduce It：Rapid Review of the Evidence［J］. Lancet，2020，DOI：10.1016/S0140-6736（20）30460-8.

[2] BONANNO G A，GALEA S，BUCCIARELLI A，et al. What Predicts Psychological Resilience after Disaster？ The Role of Demographics，Resources，and Life Stress［J］. Journal of Consulting and Clinical Psychology，2007，75（5）：671-682.

[3] RUTTER M. Protective Factors in Children's Responses to Stress and Disadvantage［J］. Annals of the Academy of Medicine，Singapore，1979，8（3）：324-338.

[4] ANTHONY E J. The Syndrome of the Psychologically Invulnerable Child［M］// ANTHONY E J，KOUPERNIK C. The Child in His Family（Children at Psychiatric Risk，Vol.3）. New York：Wiley，1974：530.

研究者开始意识到心理弹性也受到外部因素的影响。

探究什么因素可以帮助个体不屈服于疾病、困苦、灾难等不良环境或应激事件，即如何在遭遇困境后仍能良好发展是心理学主要关注的话题。[1]对于心理弹性的研究经历了三次高峰。

第一次高峰主要聚焦于心理弹性的品质，探讨应对逆境和压力的人有什么特征，提出个体心理弹性和其保护性因素。第二次高峰主要聚焦于复原过程，探讨如何获得心理弹性。这一时期心理弹性与环境的关系开始被关注，并从发展系统的视角解释心理弹性。第三次高峰主要聚焦于通过临床预防和干预促成心理弹性。在这一阶段开始关注积极心理学和心理弹性融合发展，通过心理咨询或治疗发掘个体本身的积极品质和潜力。也有大量研究证明了心理弹性在相关心理机制中的保护或调节作用。

二、理性情绪疗法与多元化思考

阿尔伯特·艾利斯（Albert Ellis）于1955年提出的理性情绪疗法（Rational-Emotive Therapy，RET）是第一个认知疗法，1993年修正为理性情绪行为疗法（Rational Emotive Behavior Therapy，REBT）。该理论的主要观点是人的情绪主要根源于自己的信念和对生活情境的评价，左右我们情绪的并非事件本身，而是我们对事件的态度和观念。同样的事件，想法不同，产生的情绪也不同。多个想法就让人考虑问题时有了转身的空间。

比如定义成功，既可以狭窄地定义社会规范下的成功或者组织中约定的成功，也可以有更广泛的成功的意义。相较于财富、文凭、地位、成就、获奖等这些外显指标，对自我优势特长的发掘、对失败带来的成长、对内心真实渴望的正视、对创造个性化理想生活的追求，以及对共建公平美好和谐社会的责任感等都可以理解为成功。对成功的多元化定义或者思

---

[1] 马伟娜，桑标，洪灵敏．心理弹性及其作用机制的研究述评［J］．华东师范大学学报（教育科学版），2008（1）：89–96.

考降低了对自卑的风险冲击，让人们化解了压力和冲突，保持了自尊自信，并成为人们继续努力的鼓舞力量。

三、阳光思维的提出

多元化思考帮助人们从一元化的思考中挣脱出来，让心理弹性有了思维的基础。但是多元化的思考既包括积极方向的思考，也包括消极方向的思考，其中积极方向的思考被笔者定义为阳光思维。阳光思维是一种积极向上的心态，是看待客观事物乐观向上的心理倾向，是一种豁达的人生态度。阳光思维帮助人们把意识从阴暗消极的一面拉出来，让其朝向积极正向的一面发展，所关切的问题最终就会得到解决。

阳光思维有三重水平：初级阳光思维指的是能看到世界的光明面；中级阳光思维指的是能看到黑暗面转化为光明面的可能性；高级阳光思维指的是能直接看到黑暗中透着光明。

四、阳光思维的拓展理解

如何训练人们的阳光思维？本文提供了六种理论框架来促进阳光思维的产生。

1. 辩证思维（dialectical thinking）的启发

辩证思维又称为抽象思维，是指以变化发展视角认识事物的思维方式，通常被视为与逻辑思维相对立的一种思维方式。在逻辑思维中，事物一般是“非此即彼”“非真即假”，即一元化思考。而在辩证思维中，事物可以在同一时间里“亦此亦彼”“亦真亦假”而无碍思维活动的正常进行，即二元化思考。辩证思维认为世间万物之间是互相联系、互相影响的，而辩证思维正是以世间万物之间的客观联系为基础而进行的对世界进一步的认识和感知，[1]进而得到某种结论的一种思维。

生活中我们常用一分为二来描述辩证思维，运用在阳光思维上，可以理解为在遇到心理危机或者痛苦事情的同时，能看到该事情积极的一面。“塞翁失马，焉知非福”就是一个最好的例证。

2. 成长型思维（growth mindset）的启发

德威克（Dweck）提出了智力的内隐理论。[2]该理论认为，人有两种思维模式，一种是固定型思维模式（亦称固定心态，对应智力的实体观），另一种是成长型思维模式（亦称成长心态，对应智力的增长观）。成长型思维对人的智力发展呈发展、开放、乐观的态度，认为能力是可以培养的，智商是可以增加的，努力就可以做到更好。

德威克认为，当个体持有固定型思维模式时，会认为能力是固定不变的，个体会认为验证其能力就会变得更加重要，努力可能更容易被视为其能力不足，个体在遭遇挫折时更容易归因于低能力，因而更容易放弃。相反，当个体持有成长型思维模式时，会认为能力是可以提高的，个体会认为实现具有挑战性的学习目标的能力就会变得更加重要，努力可能被视为发展能力过程中的工具，而挫折则更容易被视为学习过程中的信息，个体在面对挫折时更容易坚持下去。所以成长型思维给予了努力、能力以新的意义。

比如，当一个人发现年终考评时同事的成绩都比自己好，如何看待呢？成长型思维给予的启发是，“失败是成功之母”，人们从过去的错误和失败中学习，失败也变得弥足珍贵。成长型思维还相信在生活中通过努力和训练，能够达到希望的结果。比如，相比之前，自己是有进步的，十年之后自己一定更多成长。

---

[1] 徐俊伟 . 周仲瑛教授辨治冠心病及相关疾病临床经验与思维方法研究［D］. 南京：南京中医药大学，2020.

[2] SPIATH B. Implicit Theories about Personality and Intel ligence and Their Relationship to Actual Peronality and In telligence［J］. Personality and Individual Difference，2003（35）：939–951.

3. 发散思维（divergent thinking）的启发

发散思维，又称扩散思维或求异思维，是指针对一个问题，产生多种想法、设想多种路径、形成多种方案或得出多种结果的思维过程。发散思维是自由流向的、非线性的（non-linear）的思维方式。发散思维的多路径、多想法、多方案、多结果等特点是创造性活动的基础，它是一种创造性思维，更是一种多元化思维的表现。

生活中把发散思维运用在阳光思维上，体现了一切皆有可能，或者寻找新的可能性的特点。

4. 角色转换（role switching）的启发

角色转换是社会心理学的一个概念，指个体因社会任务和职业生涯的变迁，从一个角色进入另一个角色的过程，其根本的变化是社会权利和义务的变化。[1] 在社会生活中，每个人都履行着不同的社会责任，遵循着不同的社会规范，扮演着不同的社会角色。比如一个女性，在原生家庭里是女儿，在新生家庭里是妻子，生育了孩子之后成为母亲，进入了职场后是女员工。这位女性现在至少有了 4 个角色，她要在不同的背景环境中展示相适应的角色行为。

还举前文的这个例子，当一个人发现年终考评时同事的成绩都比自己好，如何调整自己呢？作为女员工，要展示员工的社会角色行为，可能会被打击，很沮丧。但是当这位女员工分别以原生家庭里的女儿、新生家庭里的妻子及孩子的母亲三个角色看待自己的现况，感受就很不同了。从自己中心视角看是一个压力很大的痛苦，在别人视角看可能微不足道，这样的转换会给我们带来减压的空间。

5. 社会比较理论（social comparison theory）的启发

社会比较理论是美国社会心理学家利昂·费斯廷格（Leon Festinger）在 1954 年提出来的思想，是指每个个体总是通过他人作为比较的尺度来进行自我评价。费斯廷格指出，在向上的社会比较中，跟那些更社会化或

---

[1] 刘进 . 浅析大学毕业生角色的转换［N］. 中国成人教育，2007-05-15.

者更成功的人比较；在向下的社会比较中，跟那些不如自己的人比较，作逆向比较。社会比较可以帮助个体提高自信心。可是，当和不实际的标准比较时，可能会让个体体验到失败。

当今社会，“别人家的孩子”是一个典型的向上比较的现象。每个家庭的父母都热衷于给自己的孩子树立一个“别人家的孩子”的标签，自己的孩子在这个过程中就会承受较大的压力。如果“别人家的孩子”让自己的孩子窒息的话，还可以选一个不如自己家的孩子进行比较以获得愉快的感受。老百姓也把这种现象叫“比上不足，比下有余”。“内卷”和“躺平”就是当代青年对这两种比较后的心态的描述。社会比较理论中向上向下比较的思考扩展了阳光思维的视角，调整自我期待和比较对象可以获得愉悦的感受。

6. 叙事治疗（narrative therapy）的启发

叙事治疗的创始人和代表人物为澳大利亚临床心理学家麦克·怀特（Michael White）及新西兰的大卫·爱普斯顿（David Epston）。[1] 叙事治疗认为，人们对事情的评价受成长中教育的限制，成功的定义往往是一元的，问题故事中充满了自我否定。比如当人们用失败、失恋、失婚、大龄男女来描述事情时，就是在自我否定。叙事心理学认为，人们对故事的诠释是双重视角，甚至是多重视角。一千个读者眼中有一千个哈姆雷特——叙事思维打开了定义成功的多元视角。尤其是，当我们以“人生是一场不断成长的游戏”的视角去审视故事的时候，故事中的力量、资源和优势就显现出来了。“瓦砾”和“金子”可能就是一个事情的正反两面。叙事心理学的视角所投射出来的多元化思考常常给来访者带来平地起惊雷、腐朽化神奇的感受，是因为叙事的多元化思考能让来访者在黑暗的事物中看到光明，是高级的阳光思维。

如上六种理论中展现出来的思维新视角，都使原有的一元化思维转换成了多元化的思维，从而增加了人们的心理弹性，增加了人们应对困难的能力。

---

[1] WHITE M，EPSTON D. Narrative Means to the Rapeutic Ends［M］. New York：Norton，1990.

"双向奔赴"：让学生眼中的"爱"与"美"成为推进高校师德师风建设的重要手段*

石　泉**

摘　要　"我爱我师"和"最美石化人"品牌文化活动，以学生眼中的"美"和"爱"作为教师自我教育、自我发展的驱动力推进了学校师德师风建设，使师德师风建设在广度上有拓展，在深度上有发展，在内容上更加丰富，让主体更加鲜明，让育人更加有温度，也在很大程度上提升了师德师风建设工作的针对性和实效性。两项活动开展以来，在学校教职员工队伍、学校学生全体、学校内外均取得了良好成效，直接提升了教师、辅导员、服务人员队伍的思想政治觉悟和职业认同感。

关键词　以学生为中心　师德师风建设　全员育人

立德树人是高校立身之本，也是全部教育教学工作的基本出发点和根本任务，北京石油化工学院始终将师德师风建设作为立德树人核心内容，努力探索研究师德师风建设的本质特点和内在规律，继承发扬中华教育传统，以学生为中心激发教师内在动力，体现全员育人内涵，并且取得了工作成效。

---

*　本文系北京石油化工学院教育教学改革和研究项目"以'互联网+第二课堂'开展马克思主义原理实践课程的探索与实践"（项目编号：YB202206001）的研究成果。

**　石泉，男，哲学硕士，北京石油化工学院马克思主义学院讲师，主要研究方向为文化哲学、思想政治教育。

一、充分认识到以学生为中心推进高校师德师风建设的重要意义

党的十八大以来，习近平总书记围绕教育发表了一系列重要讲话，尤其是关于“四有”好老师队伍建设的重要讲话，是全面落实“立德树人”这一根本任务，建成高素质教师队伍的重要指南。将“四有”好老师教育思想融入教育教学全过程，落实到学校的人才培养、科技创新、校园文化建设等各项核心工作中，不断强化对师生的思想引领，带动师德师风建设。

从2014年开始，学校分别开展第一届“我爱我师”、第一届“最美石化人”评选。“我爱我师”活动每两年一届，由全体在校生在学校全体老师中评选出十位最受欢迎的老师；“最美石化人”同样由全体学生评选出本年度最令人感动的北石化榜样。这两项活动虽然在内容上有所区别，但都旨在充分挖掘学校中的榜样事迹，讲述培育学生品德修养、助力学生成长成才的感人故事，引导青年学子积极主动地向辛勤付出的教育工作者表达内心的崇高敬意和尊师重教之情。同时，这两项活动将推进学校师德师风建设工作的动力进行了内涵式发展，让学生眼中的“爱”与“美”成为“撬动”教师发展师德师风的内在动力，也让学生心中的榜样模范成为引领学生思想政治教育的闪光点，构成了学校师德师风建设的新内容，这既是学校构建“五育并举”育人格局的需要，也是学校建设“新时代首善之区工程师摇篮”的必然要求。

二、以学生眼中的“爱”与“美”推进高校师德师风建设的实践探索

围绕学生眼中的“爱”与“美”两个关键词，以教师、学生两个主体，学校各个部门通力合作，开展了贴近学生、充满温度、丰富多彩的师德建设工作。

1. 让学生眼中的“爱”引导师德师风建设

（1）全员参与“我爱我师”评选，激励教师自我提升。学校举办“我爱我师”学生最喜爱的教师评选活动，以学生眼中的“爱”作为根本出发点，由学生直接参与，让具有优秀教学技巧、关心爱护学生、热爱教师职业、独具个人魅力的一线教师成为学生认同的“明星”，引导激励教师浓厚师德意识，增强对师德师风建设的引领作用，也增强了老师的职业认同感。“我爱我师”评选活动深受广大同学欢迎，在校本科生参与初评的比例达 98%，网络评选环节包含校友在内共计 28387 人参与，学生高参与率既表达了对活动的发自内心的认可，更成为老师收获职业成就感的重要源头。

（2）树立学生“最爱”的典型，发挥榜样的示范性。评选活动充分体现了以学生为中心的原则，为教师师德管理、建设增添了软指标。评选活动明确了评选条件及标准，要求教师具有崇高的思想素质、良好的道德水平和政治觉悟；热爱教育事业，具有良好的师德和敬业精神；具有优秀的教育教学技能技巧，有突出的教学成果，在此基础上，更要关心学生、爱护学生，深受学生的好评和尊敬，有良好的课堂氛围。2020 年，北京学联在首都高校范围内组织开展“感念师生情，讲述大先生”“我心目中的大先生”主题教育活动。我校信息工程学院蓝波副教授获评“我心目中的大先生”年度人物。自 2014 年学校首届“润物无声，化感师恩——学生最喜爱的十佳教师”评选活动开展以来，蓝波副教授已连续四届获得该项殊荣，2018 年被评为北京市师德标兵。学生亲手选出自己喜爱的教师，同时毕业多年的校友参与其中，大家在评选中一步步深入了解自己的教师，一点点受到优秀教师的影响，真正做到“润物无声”。

（3）开展“我爱我师”系列活动，提升师德文化影响力。在全校范围内展开“我爱我师”系列主题活动，在评选学生最喜爱的十佳教师、优秀教师、网络人气教师的基础上，进行有重点、有计划的宣传推广，发挥师德典型的引导、激励和示范作用，树立“身边典型”，让教师成为学生身边有“温度”的“明星”。校党委宣传部安排专栏采访，刊登每位获评教师关于师德风采、育人体会、教学感悟、职业历程等内容的报道，从各个侧面反映我校教师的职业境界和精神风貌，扩大活动影响力，引领校园正能量。通过宣传，学生纷纷用自己最真挚的情感向老师们抒发情谊。自163班的刘政同学在《写给恩师》中写道：您既不是我的班主任，也不是我的辅导员，但您却主动拿出自己的休息时间为我辅导功课，给我规划学业和今后的人生。我想，这大概就是不放弃、不抛弃最好的诠释吧！您对我的帮助，足以让我终生铭记！

2. 让学生认同的“美”推动师德师风建设

（1）寻找“最美石化人”，激发校园正能量。在全校范围中开展“最美石化人”评选活动，活动以学校全体教职员工、校友、学生、优秀集体为被评选主体，以“最美石化人、最美春风颂”为主题，经过人物征集、初评、师生投票等环节，最终确定10组个人和团队作为石化精神的代表，以先进人物的奋斗经历激发教师认同感。

（2）培育石化精神，让“最美”成就石化榜样。在“最美石化人”评选活动中，学校诞生了多位石化精神的代表，他们涵盖了学校育人工作的各个方面，其中有代表石化人永不止步、奋勇拼搏精神的校友，有忘我奉献的师德楷模老师代表，有专注科研的长江学者，有努力拼搏的学生榜样，有学生身边最亲切的宿管老师，有学校的优秀集体代表。这些优秀个人、集体的代表，就是石化精神真正的践行者，也是引领校园文化最佳的榜样。

（3）深化全员育人内涵，形成师德建设有生力量。在学校致远大讲堂系列讲座、建校40周年纪念晚会学校毕业季系列活动、学校年度十大新闻中都可以看到“最美石化人”的影响力。全国劳模吴全胜、长江学者校友魏振忠分别讲述自己的亲身经历。通过系列宣讲活动，学校精心营造出了优秀的师德师风，使之成为激励在校教师的一股有生力量，让立德树人的文化氛围蔚然成风。

三、以学生眼中的“爱”与“美”推进高校师德师风建设的启示

1. 完善了师德师风建设的工作体系

新时代对高校教师队伍建设提出了新期待、新任务、新要求，学校把师德师风建设摆在首位，既有严格制度规定，也有日常教育督导。学校贯彻落实教育部《关于进一步加强和改进师德建设的意见》和《北京市中长期教育改革和发展规划纲要》的精神，对师德师风建设进行了整体布局和顶层设计，促进和引导教师做有理想信念、有道德情操、有扎实学识、有仁爱之心的党和人民满意的好老师，引导广大教师做“四有”好老师和“四个引路人”。

2. 完善了师德师风建设考核体系

学校每学年开展师德先进、“三育人”先进、教学名师、优秀教学奖、优秀教学基层组织评选表彰等活动，并将“我爱我师”及“最美石化人”评选活动作为其中的重要考核标准。从营造“弘扬高尚师德，潜心立德树人”的良好校园文化氛围出发，到促进教职员工共同成为师德师风体系的建设者，共同成为对学生思想引领的引导者，共同为实现学校立德树人根本任务而奋斗。

3. 增强了师德师风建设的实效性

学校将学生思想政治教育和教师师德师风建设在总结和归纳既有建设经验的基础上，以学生为中心，深化全员育人内涵，开展富有实效性的品牌文化活动。“我爱我师”及“最美石化人”评选活动开展以来，在学校教职员工队伍、学校学生全体、校内外均取得了良好成效。

四、进一步深入挖掘活动内涵，让“爱”与“美”教育转变为学校思想政治教育的重要辅助手段

“以学生为中心”的教育理念，就是要我们不断探索适应时代要求、

符合学生特点的思想引领手段。化说教为引导，变领学为领思，同时带领学生启智悟道。“我爱我师”“最美石化人”活动举办以来虽然受到了广大学生的欢迎，但是也需要与时俱进、自我革新。德育工作不能教条、不能刻板，更不能高高在上，必须贴近学生的心，让学生感受到尊重、理解和关爱，用学生能够接受的方式，才最富有成效。“爱”是教育的灵魂，没有爱就没有教育，教育的生命在于爱心的传递，在于情感的投入。活动在评选结束后要更多以学生易于接受、更加新潮的方式扩大影响，更多地以榜样的道德情操来感染学生；用榜样崇高的理想信念来影响学生，做学生奉献祖国的引路人；让榜样的亲和力来感化学生，在做“榜样”的同时更成为学生的“偶像”。

以学生为中心的“我爱我师”及“最美石化人”品牌文化活动推进了学校教学、育人、科技、管理服务等多方面的师德师风建设，使师德建设在广度上有拓展，在深度上有发展，在内容上更加丰富，让主体更加鲜明，让育人更加有温度，也在很大程度上提升了建设工作的针对性和实效性。两项活动也通过学生表达了师生间的深厚情谊，强化了全体教职员工的师德意识和师德自律，浓厚了师德师风建设的氛围，为学校建设成为特色鲜明的高水平应用型大学贡献了自己的力量。

无言的教化：大学校园环境的道德教育功能探析

崔子修*

摘　要　本文从校园环境与道德教育的关系、大学校园环境道德教育功能的主要内容等出发，对目前我国高校在利用大学校园环境对学生进行道德教育的现状进行分析，并提出了进一步发挥大学校园环境道德教育功能的具体举措。

关键词　大学　校园环境　道德教育功能

一、大学校园环境具有重要的道德教育功能

加强和深化大学生的思想道德教育效果，需要发挥和利用各方面、全方位的教育条件和因素，校园环境无疑能够起到应有的无言道德教化作用。探讨大学校园环境的道德教育功能需要把握二者的内在关系。“校园环境”与“道德教育”看似属于不同领域，但是彼此又有着紧密的联系，国内外很多学者的研究都说明了这一点。

校园环境包括以校园建筑为主的物质环境和以校风学风为主的精神环境，前者的环境呈现方式是硬性的，后者的环境呈现方式是软性的；前者

*　崔子修，男，哲学博士，北京石油化工学院马克思主义学院讲师，主要研究方向为应用伦理。

的教化作用是隐性的，后者的教化作用是显性的。前辈曾有言："所谓大学者，非谓有大楼之谓也，有大师之谓也"，诚然，大学教育更多靠"大师"而不是靠"大楼"，这也是大家的共识。但是考虑到对精神环境的道德教育功能的研究资料较多，对物质环境的道德教育功能的研究较少，故本文围绕以校园建筑为主的校园环境展开论述，以期就教于方家。

美国学者卡斯滕·哈里斯在《建筑的伦理功能》一书中集中表达了建筑作为一种形式可以传递人们的价值观并对人的精神世界具有感化教育作用的思想。[1]1968年，美国教育社会学家菲利普·W.杰克逊在《课堂生活》中首次提出"隐性课程"的概念，明确指出学校建筑物理环境对学生教育的影响。他指出学生在学校环境中可以无意识地或非正式地接受某种影响，从而开启了教育社会学领域关于教学环境作为一种隐性课程的研究。[2]在建筑规划领域，美国学者卡特勒在对1982年以来美国学校建筑的教育功能进行了深入研究与分析后，也指出虽然影响教育的因素非常复杂，但学校建筑是教育过程中最重要的影响因素之一。[3]

国内一些学者也表达了类似的观点，他们主要从隐性德育课程等视角对学校建筑的德育价值、文化价值等进行了研究。如沈阳建筑大学袁日新肯定了校园建筑与道德教育之间的密切关系，并从建筑文化教育符合德育认知规律、教育内容生动活泼、教育形式富有时代性等方面论述了校园建筑空间在发挥德育功能方面所具有的独特优势。[4]北京建筑大学秦红岭教授从建筑的伦理功能出发，揭示校园建筑具有隐性的道德教化功能，并对如何发挥校园建筑的德育功能从校园主体建筑、文化景观建筑、空间布局等方面提出了建议。[5]邵兴江指出学校建筑作为德育硬环境的主要构成部分，是学校德育实施的主要载体，在促进学生的品德形塑上具有重大价

---

[1] 卡斯腾·哈里斯．建筑的伦理功能［M］．申嘉，陈朝晖，译．北京：华夏出版社，2001.

[2] 菲利普·W.杰克逊．课堂生活［M］．丁道勇，译．北京：北京师范大学出版社，2021.

[3] 柴云峰．论校园规划和学校建筑［J］．福建建筑，2011（12）：5–6.

[4] 袁日新．论高校建筑文化的德育功能［J］．中国建设教育，2006（8）：23–25.

[5] 秦红岭．"无言的教化者"与"会说话的建筑"［J］．北京建筑工程学院学报，2003（Z1）：69–73.

值。他从学校建筑选址、建筑物上的图文符号、人文建筑小品、人文建筑等四个方面，对学校建筑促进师生品德形塑的教育意蕴展开论述。❶赵鑫珊指出优美、典雅的校园建筑对学生的启蒙，足以抵得上三位教授。❷曾昭奋对清华大学图书馆的德育价值进行了专门介绍。❸姚雅欣、董兵等则对清华园近代名人故居从建筑遗产的文化价值视域进行专门研究。❹

越来越多的研究证实，学校建筑规划越完善、越理想，学生的正面环境知觉（如学校满意度、学校环境感受）就越好，负面环境知觉（如拥挤感）就越少，学生的积极行为（如学习兴趣、参与行为）就越多，消极行为（如厌学）就越少。❺

笔者以为，大学校园建筑的道德教育功能可以概括为以下几点。一是陶冶功能。建筑可以通过其外在的优美空间形态和内在的深刻价值蕴涵，对身处其中的人们产生精神上的陶冶和净化功能。比如一些学校中的楼宇以传统经典命名，如崇俭楼、立德楼、立功楼、立言楼、博学楼、博文楼、博远楼、敏行楼、慎行楼、知行楼、笃行楼、励行楼等，学生置身于这些建筑中就如同身处传统文化的丛林中，其陶冶功能不言而喻。二是激励功能。一些学校专门设计的校训石、名言墙、杰出校友展示壁等，对于激发学生乐观、进取的奋斗精神具有积极意义。如哈佛图书馆自习室墙上“学习时的苦痛是暂时的，未学到的痛苦是终生的”“学习这件事，不是缺乏时间，而是缺乏努力”“没有艰辛，便无所得”等20条训言，无不在时刻影响着每一个在这里学习的学生。三是导向功能。著名学者资中筠先生回忆起自己的大学时光时曾讲到清华图书馆，她说，“一进入那殿堂就有一种肃穆、宁静，甚至神圣之感，自然而然谁也不会大声说话，连咳嗽也

---

❶ 邵兴江．学校建筑：教育意蕴与文化价值［D］．上海：华东师范大学，2009：156-168.

❷ 赵鑫珊．人屋世界：建筑哲学与建筑美学［M］．天津：百花文艺出版社，2004：525.

❸ 曾昭奋．图书馆静悄悄［J］．读书，1998（3）：138-142.

❹ 姚雅欣，董兵．识庐：清华园最后的近代住宅与名人故居［M］．北京：中国建筑工业出版社，2009.

❺ 张新华．发挥校园硬件的育人功能［J］．教育，2008（12）：13.

不敢放肆”。[1]笔者也记得，在我校的旧图书馆未装修之前，我们曾在一个旧礼堂里上“形势与政策”这样近两百人的大课，教室里灯光较暗，学生说话的就比较多，需要耗费很大精力进行课堂管理。新的教学楼启用后，有了宽敞明亮的致远讲堂报告厅，即使是两百多人的大课堂，也不需要教师特别管理，课堂秩序井然。四是警示功能。对于惨痛的历史而言，语言告诫在短时间可以发挥作用，而时间久远之后则往往容易忘记。所以，通过一定的建筑形式把某一领域中曾经犯的严重错误、出现的严重事故等进行铭记，对于避免类似事故的发生是十分必要的。五是凝聚功能。每一所高等学校均可以结合自身发展历史、专业培养目标、学生特质等方面，通过一定的建筑形态构建起独特的精神文化象征，从而凝聚起广大师生爱校、爱国的情怀。

二、积极发挥大学校园环境道德教育功能的重要意义

正因为校园建筑环境与道德教育之间具有密切的联系，所以我们应该充分利用校园建筑的德育功能对学生进行思想道德价值观教育，这对于增强道德教育的实效性等具有重要意义。

第一，充分发掘和利用大学校园建筑的德育功能，是新时期高校创新德育方法、增强德育实效性的迫切需要。当代大学生在生活背景、审美情趣、情感方式、价值观等各方面都发生了巨大变化，传统的灌输式教育方式，已经不能适应新时期德育工作的需要。利用与学生日常学习、生活密切关联的校园物质环境对其进行渗透式的隐性道德教育，将会起到“随风潜入夜，润物细无声”的作用。

第二，对校园建筑这一物质载体从道德教育视角进行研究，可以促进校园文化建设全面、深入开展。校园文化包括校园物质文化、校园精神文化、校园制度文化和校园行为文化等多个方面。以往在校园文化建设的研

[1] 资中筠．清华园里曾读书［J］．读书，1995（1）：8.

究中，人们比较注意精神文化方面的建设，而对建筑文化等校园物质文化建设的研究不全面也不深入。

第三，发掘大学校园中历史建筑的德育价值，可以促进城市文化软实力的进一步提升。大学校园建筑文化反映出人们对真理、知识不懈追求的探索精神和追求高、精、尖的拼搏精神，具有创新性、时代性、地域性、包容性等特点，形成了城市建筑文化极具表现力的内容。

三、我国大学校园环境道德教育功能利用现状

目前，我国不少高校在利用校园建筑开展道德教育方面有了较为深入的认识，也做了较多工作，积累了不少经验。

总体来看，这些经验主要包括如下几个方面。一是通过修缮或重建历史建筑的形式对大学生进行爱国、爱民、爱校教育。一些高校通过老校门的重建体现对历史文化的传承，如武汉大学新牌楼校门，仿照老校门修建而成，给人以历史的厚重感，不仅有助于彰显高校悠久的办学历史，折射其鲜明的文化个性，更可以凝聚广大师生的爱校情感。在《觉醒年代》取景地上海理工大学，一座座走过历史沧桑的建筑呈现其中，它们不仅让学生对学校、国家的发展历史有更多的认识，同时也带给学生更多的自豪感和自信心。二是通过建造专门的主题建筑样式进行思想道德教育。以训诫主题、激励主题、熏染主题、名人主题、特色主题、纪念主题为建造目标的建筑样态在很多高校校园中都有不同程度的体现。北京石油化工学院主校区既保留了校训石、训言石等传统建筑样态，又增添了不少新的建筑元素，如新图书馆北边广场上的祥云雕塑、教学楼前面的闵恩泽院士塑像等，尤其当静对闵恩泽院士塑像时，闵恩泽院士的爱国情怀、爱岗敬业、工匠精神无时无刻不在深深启迪石化学子的向学之志。还有如北京建筑大学校园文化广场上的华表鲁班柱、鲁班锁、联结新老校区的“记忆连廊”，北京印刷学院正门口的毕昇雕塑以及新校区康庄校区的书魂，北京航空航天大学和北京科技大学的毛主席雕塑，海南大学的文化柱等，均是以各种

建筑小品的形式对师生进行潜移默化的道德教育。合肥工业大学翡翠湖校区，则将徽州文化融入高校建筑中，很好实现了地域优秀文化与高校建筑的有机结合。该校园设计在继承和弘扬地域文化的同时，更充分发挥了本地优秀文化的教育功能。三是通过建筑命名、文字呈现、宣传解说及云端展示等方式，进一步使建筑环境的道德价值显性化。在建筑命名方面，很多学校积极将中华五千年的优秀传统文化和当代道德理想和价值观与建筑命名有机结合起来。北京大学的博雅塔、思义亭，厦门大学的囊萤楼、映雪楼、兼爱楼、勤业楼等，北京建筑大学的和园、臻园、求实路、明德路等，这些建筑因而得名，它们不仅可以作为一种建筑环境留在师生的脑海中，而且更是作为一种价值观深深刻在师生的精神世界中。在文字呈现方面，北京石油化工学院充分利用教学楼楼道的墙壁、图书馆大厅、宿舍楼楼梯间的墙壁等空间进行优秀传统文化、社会主义先进文化等的传播，如在教学楼走廊墙壁上有“名人名言”“社会主义核心价值观标语展”等展示内容；在宽敞明亮的图书馆大厅上方有各种匾额、学生宿舍楼楼道墙壁上有“名人名言”、传统文化知识漫画展等内容。在云端展示方面，北京石油化工学院通过校园网上的“全景校园”立体展现学校的建筑布局及特色景观，进一步扩大了校园建筑环境传播的空间，大大激发了广大石化师生爱校荣校的自豪情感。还有一些学校充分利用现代二维码等技术手段，让参观者可以更加方便、翔实地了解每一座建筑的发展历史、建筑特色和人文故事等。

应该说，在利用校园物理空间营造一种无声的教育场景方面，很多高校都积极利用各自的优势和特色做了不少尝试，在对学生的价值观培育和思想道德境界提升方面也发挥了较好的作用。但是，笔者在调研中也发现了一些需要改进的地方。一是专门以道德教育为主题的建筑数量和空间较少，不能很好地达到对学生润物无声的教育目的；二是对已有建筑空间的利用也不够充分；三是大部分学校针对建筑进行的专门的、常态化的宣传解说活动比较少，网络展示方面信息也大多不够全面。

导致上述问题的原因，笔者以为主要缘于如下几个方面。一是与一些建筑设计者比较注重建筑的使用功能而忽视建筑的教育功能有关。在不少学校很多建筑是使用功能占主导地位的房间和设施，其设计样式整齐划一、单调冗长。如有学者指出的那样："长期以来，我国的大学校园建筑却往往注重建筑实体而忽视空间的重要性，关注建筑的外观远胜于建筑的空间及人在空间中的活动与感受，这显然不符合当代建筑发展（尤其是学校建筑）的总体趋势。"[1]二是一些高校教育管理者和研究者对教育环境的德育功能和作用认识不足。"教育界在经济社会发展的推动下，身陷教育理论的洪流与教育内在问题的困窘之中而奋力挣扎，只试图从方法、技术、内容、教育自身和学生以及制度方面寻求教育教学以及学生发展的突破口，而无暇顾及习以为常的教育之所。"[2]三是对学生的建筑教育普及力度不够。建筑形体虽然说是无生命的，但是建筑空间如何被利用、其功能如何被界定，对于建筑的使用者及参观者等而言就具有价值立场的问题了。在建筑教育的普及方面，我们还需要加大力度，让广大学生和青年对建筑自身所承载的价值观、教育功能等有更清晰的认识。

四、发挥大学校园环境道德教育功能的具体举措

"作为影响学生成长的重要场域，在人文关怀的时代背景下，学校建筑应重新寻回德育关怀的价值。"[3]大学建筑不仅是大学生成长、成才的物理空间，更是净化心灵、激励意志、陶冶情感的重要场域，所以，在发挥校园环境的道德教育价值方面还需要做更多的工作。

第一，在价值导向方面，应明确建筑设计和规划的德育宗旨。大学校园建筑设计在保证基本使用功能的同时，应对其所承担的道德教育功能有基本的预设。具体应该以代表社会主义先进文化方向为旨归，以培养大学生的爱国主义精神、集体主义观念、社会责任意识、民主平等意识、生态

---

❶ 秦红岭 . 试论大学校园建筑文化的隐性德育功能［J］. 高等建筑教育，2004（1）：115.

❷ 杨小敏 . 回归与超越：中小学建筑的教育意蕴［J］. 中小学德育，2013（8）：7.

❸ 黄洪霖 . 论学校建筑的德育情怀［J］. 福建教育学院学报，2014（12）：5.

文明意识、时代创新精神等为主要内容，充分发挥校园建筑在日常生活领域对大学生的道德教育意义。

第二，在实现路径和方法上，应努力做到物质文化和精神文化相统一，显性德育和隐性德育相结合，教育主体与教育客体良性互动。这一方面需要在学校建筑规划中适当增加具有精神教育功能的建筑比例，同时应该充分利用现有建筑及其空间传播正能量，增加学校人文气息。另外，学校相关部门如宣传部、学生处和各二级学院，都需要加强对校园建筑历史和建筑文化知识的动态传播，增强对大学生的审美教育，定期对学生进行建筑相关建造背景、价值意蕴等的讲解，如在新生入学时或者某一具有特别意义的时刻如建筑奠基、竣工时开展专门的宣介活动。“会说话的建筑”不一定完全是靠建筑本身去说话，更需要由人主动地把建筑背后的历史意义、人文精神等讲述出来，这可让那些对建筑不太敏感的学生也能看到建筑背后深厚的文化意蕴和教育价值，而不是视而不见。

第三，在实践效果的评价机制上，为促进校园建筑空间的可持续性成长及道德教育目标取得实效，应建立长效机制和反馈修正机制，定期对在校师生展开随机调研，了解建筑规划中存在的问题，从而及时给予修正。一些学校“师生只能被动地适应已经建好的学校建筑，学校以及校长的办学理念等常常无法渗透于学校建筑中”[1]的现象，可以不断通过宣传引导、制度建设等方式改进。

---

[1] 黄洪霖．论学校建筑的德育情怀［J］．福建教育学院学报，2014（12）：5.

大学新生传统文化认知度的调查研究*

初景波**

摘　要　本文主要围绕大学新生传统文化的素养水平、兴趣分布与学习障碍，大学新生对传统文化在当代社会的功能评价、对传统文化与西方文化的关系评价，以及对当下一些关于传统文化的热点问题的观点态度等问题展开调查研究，可以看出大学新生以传统文化为主流、同时也欣赏、兼容其他多种文化的理性稳健、多元开放的文化态度。同时，大学新生对传统文化满怀学习兴趣，但自身的传统文化素养水平则不尽如人意，这亟须高等院校针对学生的兴趣分布、接受能力与特点，增设教学课程，丰富教学手段，进一步加强传统文化教育。

关键词　大学新生　传统文化　认知度

中华优秀传统文化是中国人的文化基因，是实现中华民族伟大复兴的文化基石，是社会主义核心价值观的文化沃土，是实现中国梦的文化滋养。习近平总书记指出，中华文化源远流长，积淀着中华民族最深层的精神追求，代表着中华民族独特的精神标识，为中华民族生生不息、发展壮大提供了丰厚滋养。中华传统美德是中华文化精髓，蕴含着丰富的思想道

---

* 本文曾发表于《中国市场》2016 年第 8 期，收入本书时略有修改。

** 初景波，男，哲学（宗教学）博士，北京石油化工学院马克思主义学院讲师，主要研究方向为中华优秀传统文化与德育。

德资源。不忘本来才能开辟未来，善于继承才能更好创新。对历史文化特别是先人传承下来的价值理念和道德规范，要坚持古为今用、推陈出新，有鉴别地加以对待，有扬弃地予以继承，努力用中华民族创造的一切精神财富来以文化人、以文育人。❶

作为秉承“以文化人、以文育人”理念的当代高等院校，无疑应高度重视大学生的传统文化教育。教育部于2014年3月26日印发的《完善中华优秀传统文化教育指导纲要》指出，大学阶段，以提高学生对中华优秀传统文化的自主学习和探究能力为重点，培养学生的文化创新意识，增强学生传承弘扬中华优秀传统文化的责任感和使命感。鼓励有条件的高等学校统一开设中华优秀传统文化必修课，拓宽中华优秀传统文化选修课覆盖面，而做好这些工作、有效实施当代大学生的传统文化教育的重要前提，就是要真实了解大学生，尤其是刚刚入学的大学新生关于传统文化的理解、评价和素养水平。此外，作为代表着未来的大学生，他们的选择在一定程度上也表征着传统文化在未来的发展程度。因此，笔者以北京石油化工学院为个案，对2015级新生进行了传统文化认知度的调查研究。

本次调查共发放问卷450份，受调查人数约占全体新生的1/3；收回有效问卷353份，问卷有效率78.44%。其中理工类学生246人，文管类学生107人；男生192人，女生161人，基本做到了文理兼综、男女平衡。调查主要围绕以下内容展开：大学新生传统文化的素养水平、兴趣分布与学习障碍，大学新生对传统文化在当代社会的功能评价、对传统文化与西方文化的关系评价，以及对当下一些关于传统文化的热点问题的观点态度等，下文拟根据调查数据分别加以分析。

一、对传统文化的总体评价

传统文化在近百年来的命运遭际可谓跌宕起伏，其一度被认定为中国

❶ 中共中央政治局进行第十三次集体学习［J］. 新华月报，2014（6）：117.

落后挨打的根本原因，在新文化运动中被“全盘西化”论猛烈抨击，在“文化大革命”中被彻底否定和抛弃。改革开放以来，经济的发展、国力的增强也带来了文化的自信，中华文化开始走上复兴之路。然而，对于传统文化的评价仍然见仁见智。有人认为传统文化已经全然过时、不切实际，有人则认为传统文化正是解决时代问题的良方。有人认为传统文化已死，召唤亡灵只是一场徒然；有人则认为传统文化深植于伦常日用之中，依然是中国文化的底色。有人认为继续除旧布新才是强国之途，有人则认为积极返本开新才是兴国之道。那么，置身于这样的众声喧哗之中的大学生，作为国家未来之希望的大学生，他们是怎样评价传统文化的呢？

在回答“你觉得我国的传统文化过时了吗”这一问题时，19% 的学生认为完全没有过时；79% 的学生认为有一部分没有过时，需要现代阐释；2% 的学生觉得说不清，仅有 1 名学生认为传统文化已经完全过时。在回答“你认为传统文化对当下中国社会有什么作用”这一问题时，有 68% 的学生认为有很大的促进作用，29% 的学生认为作用一般，1% 的学生认为可有可无，2% 的学生认为有消极作用。在回答“你认为传统文化在当代最能发挥作用的领域”这一问题时，48% 的学生选择了“个人修养”，34% 的学生选择了“公共道德”，仅有 11% 的学生选择了“政治治理”，选择“家庭关系”的则最少，只有 7%。上述情况表明，学生对传统文化的整体评价是比较积极和正面的，肯定的成分远大于否定。同时，这种正面肯定又不同于泥古不化的复古，而是满怀面对时代的问题意识，阐旧邦以辅新命。多数学生认为以儒家为主要代表的传统文化已经不再适用于政治领域，而在个人与公共领域则拥有广阔空间。事实也确乎如此，随着现代社会的发展，家族宗法结构已然冰消，现代国家的治理思维、治理模式已经超越君主一圣贤模式，儒家传统强调的修齐治平的家国天下情怀已经解体，儒学在政治领域只能提供诸如“天下为公”“仇必和而解”这样片段式的支援价值；而儒家的以德修身、君子慎独的修养主张在个人层面依然十分重要，仁者爱人、和而不同、四海之内皆兄弟的理念在公共领域也正是时代所需。但是，多数学生认为传统文化已经不再适用于家庭领域，这是值得商榷的。当代大学生已属“00后”，“一孩化”造成的倒金字塔结构以及传统文化教育的缺失，使当代家庭教育问题多多，其实正需要传统文化的及时补位。当我们用现代平等意识涤除儒家的等级观念之后，儒家父慈子孝、兄友弟恭的治家理念仍然对良好家庭关系的建立具有不可忽视的价值。

在传统文化的存在现状以及未来发展的问题上，学生也给出了自己的评估。关于“当前社会是否还存在传统的文化观念和生活方式”，15%的学生认为传统的文化观念和生活方式依然是当代社会的底色；78%的学生认为当前社会还存在一些传统的文化观念和生活方式，并发挥着影响；5%的学生认为传统的文化观念和生活方式已经完全消失，2%的学生表示说不清。对于中国传统文化与西方文化等各种文化在当下中国的关系，84%的学生认为有一定冲突，在互相包容尊重的情况下可以共处；而有9%的学生认为完全可以和谐相处，4%的学生认为不同文化之间有尖锐冲突，不可能长期共处；3%的学生表示说不清。对于传统文化的未来，11%的学生觉得很乐观，57%的学生觉得比较乐观，26%的学生觉得并不乐观，6%的学生表示说不清楚。可见，大多数学生在这一问题上并没有陷入盲目乐观和悲观无望两个极端，而是持一种审慎的乐观态度，作为未来责任的承担者和文化的践行者，他们的这种文化态度是理性而稳健的。费孝通先生曾用“各美其美，美人之美，美美与共，天下大同”来描摹和概括他理想中的文化交流[1]，大学新生的这种文化态度与之正相契合。

二、在传统文化方面的兴趣分布

兴趣是最好的老师，也是成功开展教育的诀窍。兴趣既是激发学生积极主动、废寝忘食进行学习的动力，使教育效果事半功倍；同时也往往是

[1] 费孝通．“美美与共”和人类文明［M］// 费孝通．费孝通九十新语．重庆：重庆出版社，2005：314.

学生灵性与天赋之所在，使学生能够因材获教，成就理想与价值。因而，调查和研究大学新生对传统文化的兴趣程度和兴趣分布，是针对性地实施兴趣化教育所必需的准备。

从调查数据来看，中国传统文化仍是大部分学生的兴趣所在。在“下列文化中你最感兴趣的是什么”一题中，209名学生选择了中国传统文化，占比基本达到60%；除此之外，大学生最感兴趣的文化依次为西方文化、古埃及文化、印度文化，也有极少数学生提到了日本文化、玛雅文化。可见，传统文化仍然具有相当强的文化竞争力，但西方文化也不可小觑。在传统文化之中，大学新生最感兴趣的内容（可多选）依次为艺术（198票）、文学（171票）、思想（121票）、宗教（74票），也有学生提到了汉服、武术、京剧、节庆、礼仪、书法、历史传说、风俗习惯，以至于技术工巧、奇门遁甲、刑罚、杂技等，有学生提倡设立汉服节。

“形而上者谓之道，形而下者谓之器”，传统文化在这一意义上也可分为形而上的思想文化与形而下的器物、技艺文化两类。在形而上的思想层面，大学新生最感兴趣的前两名是儒家（148票）、道家（127票），处于遥遥领先的地位；而秦汉之后便已失传、在当代社会并无太大影响的墨家竟超越了佛家与兵家，以96票位居第三，这恐怕是因其“兼爱”“非攻”的理念非常契合大学生的理想主义、道德情怀和责任意识；佛家与兵家同以89票并列第四位，也有一定数量的拥趸。在形而下的器物、技艺层面，在回答“你是否对某种传统艺术有兴趣并投入了不少时间和精力”一题时，有72%的大学生选择了“否”，这说明大学生在这一方面存在明显欠缺。究其原因，有一些学生明确表示没有时间和精力进行学习。形而上的思想理念固然极为重要，但是如果没有形而下的器物文化与技艺文化的支撑，思想理念就失去了鲜活的生命力，无法脚踏实地。因此，培养大学生对于某种传统器物文化或技艺文化的兴趣与热情，并使之达到一定的水平，对弘扬中华优秀传统文化是有极大价值的。可喜的是，仍有28%的学生选了“是”。在这些学生喜欢并擅长的传统艺术中，琴、棋、书、画仍占绝大部分，甚至有学生反映已经习练古筝12年之久。除此之外，学生喜欢并擅长的依次为文玩、武术、曲艺、木工、刺绣、京剧等。这些都是难能可贵的，宜应善加培护，不仅使传统文化后继有人，而且可以使之逐渐蔚然成风，对其他学生产生辐射效应。

三、在传统文化方面的整体水平与学习障碍

在调查问卷中，笔者单独开辟设计了传统文化基本常识的测试板块，内容覆盖传统文化的经学、史学、哲学、文学（章太炎《国学概论》中所言国学之四部分），其中以儒释道的思想文化为主。从测试结果来看，20道题目中，答题正确率在60%以上的只有8道，表明学生对传统文化基本常识的掌握从整体上看是不高的，这就要求对于大学新生的传统文化教育仍应从基础抓起，为大学生搭建较为完整的传统文化知识框架，使其了解传统文化基本的常识与全貌仍是当务之急。

在关于儒、释、道的文化常识中，学生明显对儒、道的基本常识比较熟悉，如三礼之学、孟子的性善论、荀子的性恶论、王阳明的“知行合一”、庄子的“蝴蝶梦”等，这与前面所调查的兴趣分布是非常吻合的；学生普遍对佛家文化了解不多，如对比较基本的“三法印”、惠能、诗佛王维等内容皆不甚了了，这种结构性缺失应与大学生对于传统文化的兴趣倾向以及由此造成的主动取舍有关。

在传统文学方面，最基本的四大名著的阅读率为：1部都没有读过的约占8%，读过1部的约占24%，读过2部的约占20%，读过3部的约占27%，4部都读过的约占21%。

同时，在学习意愿上，回答“你觉得大学生在校期间是否应该学习传统文化”这一问题时，回答“完全应该”的约占46%，回答“随个人兴趣选择学习”的约占46%，回答“说不清”的约占7%，回答“不应该”的约占1%。

可见，一方面，在主观上，大学新生对于学习传统文化颇有兴趣和热情；另一方面，在客观上，大学新生在传统文化方面所表现出的整体水平

则不尽如人意。两者之间的落差说明，在传统文化教育上可能同时存在教的不足和学的障碍。

对于大多数学生来说，由于历史的阻隔、时代的变化，学习传统文化存在一定的障碍和困难。从调查的数据反映来看，除了上文提及的缺乏时间和精力之外，对于大学新生来说，“不知从何入手”是他们面临的最大障碍。传统文化博大精深，如汪洋之海，如果不得门径，不能依照一定的次第由浅入深，很可能会导致事倍功半或知难而退。这就非常需要老师的引导和帮助，将他们的兴趣很好地引入科学有效的学习之中，使他们在不断满足兴趣的同时，逐渐获得对传统文化的理解和掌握。同时，“看不懂文言文”“不认识繁体字”也是横在大学生学习传统文化路上的两只老虎，可见，即便经过了中学语文中关于古代汉语的教育与学习，他们仍然迫切需要古代汉语的阅读与理解训练。固然，我们可以用白话译本和简体字本来克服这两个障碍，但这犹如隔靴搔痒，代替性其实相当有限。

此外，值得一提的是，也有个别学生反映传统文化与现代文化、现代思想差距很大，与现代社会、现代科技格格不入，难以相融。如何开展转换性的阐释，从而弥缝传统与现代之间尚存的“代沟”；如何开展有效的普及与推广，使大学生消除对传统文化的陌生感，实现“等闲识得东风面，万紫千红总是春”，仍然是摆在传统文化的研究者与教育者面前的一道重要而艰难的课题。

四、对传统文化热点问题的观点与态度

随着国人对传统文化的态度从自卑、自弃走向自信、自觉，传统文化被关注度的持续升温，形成了许多讨论的热点。对于媒体及社会舆论热议的一些问题，大学新生持怎样的观点或态度呢？

近现代以来，在“西学东渐”的同时，西方的一些节庆也传播到中国，甚至大有让中国的传统节日黯然失色之势，有人发出“抵制洋节”的呼声，认为“洋节”容易造成年轻人的崇洋媚外和西方文化的渗透入侵；

但也有人认为无须过于保守、大惊小怪，文化只有在交流中才能获得良性发展。调查表明，在传统节日和情人节、圣诞节等“洋节”之间，70% 的学生其态度与选择是不管土洋，好玩都过；21% 的学生只喜欢过传统节日；2% 的学生只喜欢过“洋节”。这充分凸显了当代大学生对待文化的开放态度，在节庆方面持一种基于娱乐精神的“拿来主义”，并未深入觉察节庆背后的文化内涵。值得一提的是，竟有 7% 的学生表示不论是对传统节日还是对“洋节”都不感兴趣，这种索然无趣之下隐含的是一些大学生的虚无倾向和颓废心理。

汉服是中国人自有的传统服饰，体现了中国人别致高雅的审美情趣。随着传统文化被批判乃至否弃，汉服也逐渐为洋装所取代，退出了百姓的日常生活，只有少数人在一些比较特殊的日子（如春节等）才会偶尔穿着。近一二十年，伴随着国学热的兴起，人们对汉服又逐渐燃起了兴趣，很多大中小学的学生在一些传统节日或执行冠礼等传统礼仪的时候，会穿着汉服，也有很多青年学生在各地组建了不少汉服社团。在本次调查中，大学新生对于汉服的态度是：73% 的学生认为传统节庆可穿汉服，平时随便；各有 12% 的学生表示现代穿汉服很奇怪或不关心；仅有 3% 的学生认为中国人就应该穿汉服。这种选择在一定程度上预示了汉服在未来的发展趋势，即其很可能在传统节庆等一些特殊场合被穿着，但不大可能成为日常服饰的主流。对于汉服来说，若能如此已经是很大的进步，在一定意义上就可以称其为活态的文化了。日本的和服、韩国的韩服等传统服饰也基本是这样的存在状态。

文字是文化尤其是思想文化的载体，是文明传承的重要方式。中国历史上的汉字呈现出不断简化的趋势，我国大陆地区正式使用的是 1956 年确定的简体字。简体字与繁体字的优劣争论持续不断，近年来呈现出愈演愈烈之势。简体字的优长之处是笔画较少、容易学习掌握、书写方便，但有学者则指出一些简体字简化不当，例如“亲不见，爱无心，产不生，厂空空，面无麦，运无车，导无道，儿无首，飞单翼，涌无力”等，失去了汉字原有的一些象形、会意、指事等意蕴。对于恢复使用繁体字，70% 的学生的意见是可以恢复一部分含义丰富的繁体字，22% 的学生则表示反对，认为应该全面恢复繁体字的仅有 3%，认为无所谓的有 5%。可见，大学生对于恢复部分繁体字的呼声还是很高的，他们对于汉字字形所承载的文化内涵还是比较认可和重视的，希望能够有所保存。

从 20 世纪 90 年代初开始，少儿读经热兴起，至今已是蔚然成风，各种童蒙班、儿童国学班如雨后春笋般应运而生，有人认为儿童时期记下很多重要典籍和诗词名句对一个人未来的成长很有价值，有人则认为这是对儿童快乐成长和全面发展的戕害。对于少儿阅读记诵传统典籍，27% 的学生认为很有必要，3% 的学生认为没有必要。更多的学生持一种开放综合、兼容并包的文化态度，他们认为应该中西方典籍都读，持此观点的学生占比达到 44%。此外，有 26% 的学生认为少儿读经与否是家庭教育的自由选择，怎么都行。总体来说，他们在肯定少儿读经价值的同时，更加崇尚包括传统文化典籍在内的世界文化的诸多遗产，不希望少儿受到单一化的、强制性的传统文化教育，这显示出大学新生更为宽广的文化视野和包容开放的文化态度。

伴随着传统文化的复兴，一些传统的宗教信仰、宗法生活、节庆民俗也逐渐复炽。对于佛教、道教以及城隍、妈祖等传统信仰的兴起，10% 的学生采取拥抱态度，认为这很好，人们需要有宗教信仰；而 82% 的学生则持一种更为冷静、稳健的态度，认为应该取其精华，去其糟粕；此外，仅有 3% 的学生坚持认为这些都是封建迷信，5% 的学生则表示不关注。与此类似，对于盖祠堂、修家谱、清明祭祖等行为，25% 的学生认为应该积极开展，努力保持，67% 的学生支持适度开展，3% 的学生认为这些实属陋习，5% 的学生则表示不关注。对于送灶神、贴门神、端午节缠五彩线等传统民俗，32% 的学生认为应该积极开展，努力保持，61% 的学生则主张适度开展，2% 的学生认为这些实属陋习，5% 的学生则表示不关注。这表明绝大多数的大学新生对传统的宗教信仰、宗法生活、节庆民俗是持比较欢迎和肯定的态度的，但希望其能够去除那些已经被时代所淘汰的负面因素，保持良性、健康发展，不希望其走向过度泛滥的极端。

通过本次调查，我们对大学新生在传统文化上的方方面面有了一个整体的了解。笔者不揣冒昧，对高等院校的传统文化教育提出以下几点建议：第一，将“古代汉语”设为公共必修课，使大学生具备借助工具书独立阅读、理解传统典籍的能力，形成对古代语言文学的审美品位和鉴赏能力；第二，创造条件，积极开设诸如“中国思想史”“中国文化史”“中国古代艺术鉴赏”“诗词格律与赏析”“中外文化概览”“中西文化比较”等公共选修课，以满足大学生了解传统文化的基本面貌与基本常识的需求；第三，鼓励学生组建诸如国学社、学琴社、围棋社、书画社、武术社、汉服社、民乐团等传统文化社团，聘请、配备具有专业水平的指导教师，并定期举办相关比赛活动，提高修养，陶冶情操，提高学生对传统文化的兴趣；第四，在传统节庆到来之前开展专题活动，增强学生对传统节庆的参与度和热情，使学生从中获得对传统文化的体验和理解。总之，大学生是未来中国的建设者和接班人，是实现中华民族伟大复兴的重要力量，高等院校全面深入了解大学生在传统文化方面的状况与需求，针对实施有效的教育，才能真正使中华文化发扬光大、绵延不息、再造辉煌。

关于提升青年学生文化自信途径的研究*

闫新华　赵婷婷　韩孟卓**

摘　要　中华优秀传统文化是我们最深厚的文化软实力，是青年大学生增强文化自信的理论根基。结合当前青年大学生对传统文化重视程度不够、痴迷于网络文化以及受他国文化影响等特点，因而迫切需要加强当代大学生的文化自信以树立正确的人生观、世界观、价值观，正确利用网络工具不断引导青年大学生树立文化自信。本文从问题研究的角度出发，首先阐述文化自信对于大学生成长的意义，进而结合问题提出相对应的建议和对策。

关键词　新时代　青年学生　文化自信

一、学习传统文化对增强大学生文化自信的重要性分析

中华优秀传统文化是我们最深厚的文化软实力，也是中国特色社会主义植根的文化沃土。中华优秀传统文化的学习是青年大学生增强文化自信

---

*　本文系北京市大学生科研训练项目“关于提升青年学生文化自信途径的研究”（项目编号：2019J00088）的阶段性研究成果，曾发表于《人文天下》2020 年第 12 期，收入本书时略有修改。

**　闫新华，男，理学博士，北京石油化工学院信息工程学院讲师，主要研究方向为大学生思想政治教育。赵婷婷，女，北京石油化工学院数理系科 161 班学生。韩孟卓，女，北京石油化工学院数理系科 171 班学生。

的理论根基。

1. 有助于继承和弘扬中华民族传统文化，树立国家自信

传统文化是文化自信的源泉。中华民族的传统文化博大精深，源远流长。中国传统文化是中国独特的精神标识，是加快经济发展、提升国人文化素养的宝贵财富。因此，加强传统文化学习，有助于“扬弃继承、转化创新”，更深一步地挖掘传统文化的内涵，并在大力弘扬优秀传统文化的基础上实现文化传承的伟大目标。

2. 有助于纠正大学生对于传统文化的误解，树立文化自信

诚实守信、恪尽职守、孝顺父母等传统美德正是如今新的时代不断呼吁的道德价值观念，但是由于网络文化的冲击，加上许多大学生对于传统文化的学习认知不够，对中国的传统文化存在偏差，因此加强优秀传统文化的学习，有助于纠正大学生对于传统文化的误解，树立文化自信，最终帮助个人顺利成长。

3. 有助于帮助大学生形成正确的“三观”，树立个人自信

传统文化中有许多传统美德值得被现代人所继承，这种继承是经过了创新和改进的，有助于帮助大学生形成良好的行为习惯，久而久之会让周围的朋友和同学对自己产生依赖感和信任感，最终树立个人自信，引领其走向成功。

二、当代青年大学生对待传统文化存在的问题调研

为了更好地分析当代大学生的文化自信，笔者对部分高校进行了问卷调查，结果显示，多数青年大学生接受过传统文化的教育，对传统文化的认同度较高，但也存在一些问题。

1. 对于传统文化的认识较浅、重视程度不够

调查发现，当代大学生对于传统文化的认知不再停留在《论语》等典籍上，而是对艺术、绘画等领域的传统文化有了很高的认知，认为传统的艺术、文化富有内涵。但仍有 35% 的学生对于传统文化的重视程度不高，

认为掌握传统文化较为困难。

2. 相比较传统文化更痴迷于网络文化

调查问卷中有这样一个问题："相比较中国传统文化和网络文化，你更倾向于哪一个？"结果约60%的学生选择网络文化。由此可见，网络文化对传统文化有一定的冲击，影响了当代大学生与中国传统文化接触和学习的机会，使中国传统文化不能很好的继承和发扬。

3. 受他国文化冲击的影响较深

另外，外来文化的干扰和影响也是一个因素。问卷结果显示，约有30%的学生在"付费影片"的范畴中选择了"外国电影"，40%的学生选择了"都可以"，只有30%的学生选择了"中国传统文化电影"。由此看出，中国传统文化在一定程度上仍受他国文化的影响。

因此大学生需要克服那些不健康的心理，根据自己的阅历，多学习优秀的传统文化知识以及多实践，从这些方面来提升文化自信。

三、塑造当代大学生文化自信的建议和措施

结合当前青年大学生对传统文化认知的特点，以学习和领会中华优秀传统文化的内涵为指导，充分发挥学生的主体作用，坚持文化自觉、独立思考、网络学习的总体要求，不断提升青年大学生的文化自信。

1. 以爱国精神为引领，提升文化学习自觉性

提升青少年文化自信，培养浓烈的爱国意识和精神是必不可少的，因为民族自豪感以及国家认同感是文化认同和文化自信的基础。要培养爱国精神引领文化自信，首先需要学生充分了解我国源远流长的中国历史，深刻学习并且逐步领会传统文化的内涵，挖掘优秀文化，深刻认识到文化在我国历史发展中扮演的角色以及重要作用，正确把握文化的发展规律，如此，文化自信自然提升。此外，自近代以来，国家命运虽坎坷，但"艰难困苦，玉汝于成"，在革命前辈的大无畏精神以及中华儿女的伟大实践中，社会主义新中国得以建立。因此，对于大学生而言，除了要深刻了解中国

传统文化，更要积极主动地担当传承中华传统文化的艰巨任务，将优良的传统文化传到社会的每一个角落，承担起中华民族伟大复兴的重任。

2. 以哲学思想为工具，增强个人判断力和思考力

树立文化自信，首先要能正确地看待文化价值并能在各种各样的信息中寻找到文化的核心组成部分，为此要切实增强当代大学生的哲学思辨能力和判断力，养成独立思考的习惯。能够透过现象看本质，不能轻易随波逐流，而要做到这点，需要大学生在日常的学习生活中养成爱读书、读好书、多读书的习惯。总而言之，读书可以全方位地提升我们的思想素养和精神追求，并能在不同的文化中了解到各个民族、国家的文化的异同，从而汲取其中的文化精髓为我所用，最终在读书的过程中文化自信与文化认同自然形成。此外，增强个人的思考力和判断力还有很多途径，其中最为有效且效果最为鲜明的便是拓宽人际关系，“听君一席话，胜读十年书”，便是从人际交往中拓宽文化视野最好的解读。

总之，当代大学生要树立文化自信，应该学贯中西，融古烁今，要有质疑、批判的意识。传承中华传统文化，既要合理创新，又要保留其精华而不失本色。

3. 运用互联网，重新解读和发扬中华优秀传统文化

凡事都有两面性，网络时代的到来虽然在一定程度上阻碍了当代大学生接触和学习传统文化的机会，但也给了传统文化进一步宣传和提升其影响力的契机。大学生应该学会运用网络工具更好地了解中华优秀传统文化的内在价值和精髓，树立文化自信，以便更好地继承和弘扬中华优秀传统文化。

此外，随着互联网工具的普及，以及国家对于弘扬传统文化的重视，越来越多的青年大学生开始对中国优秀的传统文化产生兴趣，因此有必要从国家和个人两个层面加强对于传统文化的继承和发扬。个人层面建议当代大学生也充分运用互联网工具，用新的形式对中华优秀传统文化进行弘扬和宣传，让传统文化重新焕发出新的活力和生机。

以乡规民约助力农村社会协同共治 *

武靖茗 **

摘　要　乡规民约能够助力农村社会形成合理有序、良性互动、协同共治的格局，在乡村社会治理中发挥着不可替代的作用。针对当前我国一些地区存在的“重规轻约”现象，我们需要保障基层民主，强化村民的有效参与；需要建立健全乡规民约实施机制，注重与法律、政策的对接；需要调适乡规民约的内容和程序，重塑乡规民约的道德培育功能，从而助力农村社会协同共治的实现。

关键词　乡规民约　农村社会　协同治理

乡规民约古已有之，是内生于中国传统乡土社会的文化资源和道德规范。运用乡规民约助力农村社会的协同共治，是推进基层治理现代化的重要手段，能够实现对农村的低成本高效能治理，有利于维护农村社会的稳定。

一、乡规民约助力农村社会协同共治的作用机制

乡规民约能够助力农村社会形成合理有序、良性互动、协同共治的格

---

* 本文曾发表于《人民论坛》2019 年第 14 期，收入本书时略有修改。

** 武靖茗，女，马克思主义发展史专业博士，北京石油化工学院马克思主义学院讲师，主要研究方向为马克思主义中国化。

局。乡规民约的制定和执行过程，是基层政府与村委会、村民协同共治的关键环节，是乡村多元主体共同参与、良性互动的重要过程，是村民达成共识的重要阶段。比如，基层政府具有引导、监督和审察的作用；党组织具有密切联系群众、号召多方力量参与的作用；村民委员会具有组织、协调的作用，是村民自我管理、教育和服务的基层群众性自治组织。基层党委是乡村治理的领导核心，统一部署推进乡规民约的制定和完善；村党支部是乡村组织和各项工作的领导核心，参与乡规民约制定、宣传、执行的全过程；党员干部具有示范引领作用，带头遵守乡规民约。可以说，乡规民约不断发展进步的政治保障，就是基层政府、村党支部、党员以及村民的协同共治。

乡规民约能够促进乡村治理机制的协同。首先，作为非正式制度，乡规民约的内容独立于村民自治章程之外，更加贴近村庄的实际情况以及村民的切身需求。乡规民约着重解决村民最关心的问题，比如民主参与、邻里关系、婚姻家庭等，能够对正式制度形成辅助作用。其次，乡规民约是由村民通过民主商议、表决、管理自发订立的规则，彰显着国家政权意志主导下推进基层治理现代化的诉求，是一种德性之治，能够与法治互为补充、相互促进。一方面，乡规民约强调在法治的范围内发挥道德规范的作用；另一方面，乡规民约出自乡土社会的传统、习俗和习惯，是成文法的精神基础。

二、充分发挥乡规民约的作用，需要强化村民的有效参与，建立健全执行、监督和激励机制

保障基层民主，强化村民的有效参与。作为传统文化的重要组成部分，乡规民约在社会治理中发挥着积极作用，但当前我国一些地区仍然存在着“重规轻约”的现象。比如，在乡规民约的制定过程中，村民参与流于形式，基层政府、村委会、村党支部作用过大，村干部“家长制”现象较为突出，等等。这不仅使村民的公共参与程度与自治制度之间存在偏

差，未能充分发挥民主的作用，也容易使乡规民约在实施过程中出现村民不理解、不配合等问题。乡规民约的制定主体应该是村民，为了实现村民的有效参与，就必须保障基层民主，增强村民的法治意识、契约精神，助力农村社会的协同共治。首先，在乡规民约的制定和完善过程中，为了保证制定主体正当、程序内容合法，必须鼓励引导村民自觉参与。其次，乡规民约的制定与完善应尽可能地收集群众的意见，充分体现民主性。同时，应尽可能地用最朴实、最简单的话语进行表述。再次，应对村民进行宣传教育，普及法律知识以及常识。比如，村委会和村党支部可以利用村民会议、动员会、宣传栏等进行宣传教育，不断提升村民对乡规民约的认同。最后，应将外来人口纳入乡规民约中，坚持“自己制定、自己执行、自己监督”的原则，助力农村社会的协同共治。

建立健全执行、监督和激励机制，注重与法律、政策的对接。乡规民约的权威性是习俗与法律共同作用的结果。在现代社会发展过程中，乡规民约的传统权威正逐渐被法理权威所取代，以往舆论约束村民行为的影响越来越弱。对此，各地应在合理合法的前提下，建立健全执行、监督和激励机制，注重与法律、政策的对接。首先，村级自治组织应运用经济手段，促进乡规民约执行方式和实施举措的多样化；党员干部应自觉遵守乡规民约，合理运用乡规民约进行基层治理，率先垂范、以身作则。其次，党政部门应科学指导，建立和完善乡规民约的监督机制、审查机制，形成协同共治的良好格局。在监督方面，可以组建乡规民约监督组。同时，政府相关部门应及时检查、指导乡规民约内容的修正。乡规民约需要其他治理手段的配合，才能推进农村社会的协同共治。因此，为了对乡规民约进行合法性审查，基层政府应不断加强对乡村工作的指导和监督，并从法律层面不断完善乡规民约的备案机制，及时清理、纠正乡规民约中的不合理、不合法之处。最后，应加强基层政府对乡规民约制定的指导，保障乡规民约建设按照法定程序进行。同时，基层政府及其职能部门应出台统一的规定，将共性的乡规民约问题政策化。

三、充分发挥乡规民约的作用，需要调适乡规民约的内容和程序

调适乡规民约的内容和程序，重塑乡规民约的道德培育功能。传统道德是乡村礼俗体系的重要精神内核。近年来，我国乡村道德失范现象有所抬头，社会道德重塑与培育已经成为重要课题。我国乡规民约建设的目的在于改善风气、保护生态、促进农村社会协同共治。党的十九大报告明确指出，要深入挖掘中华优秀传统文化蕴含的思想观念、人文精神、道德规范，结合时代要求继承创新，让中华文化展现出永久魅力和时代风采，这为新时代乡规民约发展指明了方向。

首先，我们应对乡规民约的内容进行调适，与时俱进，在坚持法治原则的基础上，在保留传统乡规民约合理优秀条目的同时，优化乡村社会生态，凝聚共识、统一思想，引领乡规民约的重建与再造。

其次，为了培养乡民的主体意识和参与意识，应坚持制度建设和组织建设并举的原则，不断提升乡民的法治观念和自主判断能力，引导乡民自觉维护和行使其权利。

最后，为了扩大乡规民约的影响力，我们应依托中华优秀传统文化，以社会主义核心价值观为引领，挖掘传统道德资源。同时，还应采取符合乡村特点的有效方式，坚持教育引导、实践养成、制度保障三管齐下原则，构建具有正确价值观的乡规民约和乡村道德体系，不断推进社会公德、职业道德、家庭美德、个人品德建设，充分发挥乡规民约对国民教育、精神文化建设的引导作用。

总之，充分发挥乡规民约的作用，能够强化乡民的社会责任意识、规则意识、主人翁意识、集体意识，有利于培育新型乡村道德共同体。乡规民约可以将社会主义核心价值观转化为乡民的情感认同和行为习惯，助力农村社会的协同共治。